AF314971

8ᵉ EXPOSITION

DES PRODUITS

DES MEMBRES

De l'Académie de l'Industrie,

A L'ORANGERIE DES TUILERIES,

EN 1845.

CATALOGUE

DES PRODUITS

PRÉSENTÉS

POUR FIGURER A CETTE EXPOSITION,

RÉDIGÉ

Sur les notices remises par MM. les industriels

CE LIVRET SE DISTRIBUE

A l'Orangerie des Tuileries, galerie d'exposition,

Et au bureau de l'Académie de l'Industrie,

Rue Louis-le-Grand, 23.

PARIS,

IMPRIMERIE DE GUIRAUDET ET JOUAUST.

Rue Saint-Honoré, 315.

1845

ACADÉMIE DE L'INDUSTRIE.

BUT DE LA SOCIÉTÉ.

Chaque année l'Académie de l'industrie fait une exposition des produits de ses membres. Celle de 1845 se tiendra à l'Orangerie des Tuileries, et ouvrira le 9 juin pour durer jusqu'au 29 juin.

Tous les jours des comités spéciaux examinent les objets qui leur sont adressés par les membres au local de l'Académie, et ceux qui ne peuvent être déplacés sont examinés par une commission qui se rend sur les lieux. Des rapports sont faits sur ces objets.

Pour mieux faire apprécier les nouveaux produits, 1° cette Société propose et décerne des prix et des récompenses ; 2° elle accorde des médailles d'honneur en or, platine, argent et bronze ; 3° elle correspond avec les corps savants et les établissements industriels.

Elle publie en outre un journal semi-périodique contenant 1° l'exposé des comptes rendus de ses séances et de ses actes, les décisions de son conseil d'administration, le dépouillement de la correspondance, la nomenclature des ouvrages offerts, l'examen des principes et des méthodes les plus favorables au progrès des trois industries ; 2° les ouvrages couronnés par elle ; 3° les renseignements qu'elle peut se procurer sur les établissements, les travaux et les productions en tout genre qui, dans les divers pays, ont pour objet l'amélioration et l'avancement des industries agricole, manufacturière et commerciale.

L'Académie publie également, et aussi souvent que ses facultés financières peuvent le lui permettre, la collection des documents imprimés ou manuscrits recueillis dans les ouvrages, mémoires ou rapports, tant anciens que modernes, en langue française ou étrangère, relatifs à l'industrie.

L'Académie se compose aujourd'hui d'un grand nombre de membres français et étrangers.

On fait partie de la Société comme membre de *première* ou de *seconde* classe.

Les membres de *première classe* paient une cotisation annuelle de 30 francs, et ceux de *seconde classe* ne paient par an que 15 francs.

Les membres de la *première classe* jouissent de plusieurs avantages, dont un des principaux est de recevoir *gratuitement* les publications de toute nature ordonnées par l'Académie.

Ceux de la *seconde classe* ne reçoivent que le journal mensuel de ses travaux, mais aucun de ses mémoires.

La qualité de membre n'engage jamais à d'autre solidarité que celle de la cotisation annuelle.

Pour faire partie de l'Académie, il faut être présenté par un membre, et être agréé par le conseil d'administration.

Les personnes désignées aux suffrages de l'Académie sont priées d'indiquer avec précision, dans leur lettre d'adhésion aux statuts, la *classe* dans laquelle elles désirent être inscrites sur les listes de l'institution, et *d'écrire très lisiblement* leurs nom, prénoms, qualités, lieu de leur domicile, etc.

Les titres précités ne peuvent s'accorder qu'aux personnes qui se soumettent par écrit à l'une des cotisations annuelles ci-dessus prescrites.

Tous les membres indistinctement ont le droit de présenter des candidats, de jouir de la bibliothèque, des dépôts et archives de la Société, d'assister aux séances générales et des comités, etc.

Ils peuvent passer d'une classe dans une autre, et même se retirer entièrement, en prévenant le conseil. avant la fin de chaque année, de leurs intentions à cet égard. Ils paieront toutefois la *cotisation* de l'année commencée.

Ils reçoivent un diplôme *en papier* ou *en parchemin,* à leur choix. Le premier, dont le prix est de 5 fr., est *obligatoire;* le second, dont le prix est de 15 fr., est facultatif.

L'Académie publie régulièrement, depuis sa fondation, sous le titre de *Journal de ses travaux,* un bulletin mensuel qui, indépendamment de l'analyse de ses séances, rapports, etc., contient un grand nombre d'articles capables d'intéresser à un haut degré les agriculteurs, les manufacturiers et les commerçants.

Tous les numéros parus depuis le 1er janvier de l'année de leur admission, ainsi qu'un diplôme, sont adressés francs de port aux membres cotisés, dès qu'ils *ont adhéré par écrit* aux statuts de la Société, qu'ils ont été admis, et qu'ils ont acquitté le montant de la cotisation et du diplôme.

Outre le journal mensuel de ses travaux, l'Académie publie un recueil de *Mémoires* qui n'est envoyé *gratuitement* qu'aux membres qui paient une cotisation annuelle de 30 francs. Six volumes de ces Mémoires et treize du journal ont paru.

Elle met annuellement au concours un ou plusieurs sujets de prix, indépendamment des sommes destinées à délivrer des *médailles d'honneur d'or*, de platine, d'argent et de bronze, aux membres de la Société dont les *communications* sont jugées les plus utiles, et aux auteurs des découvertes les plus importantes.

Les mémoires, documents, communications, que les membres de l'Académie ou autres personnes veulent bien lui adresser, sont insérés, en leur nom, quand les comités les ont jugés utiles, dans son bulletin mensuel, ou dans le recueil de ses Mémoires, sous un numéro d'ordre, et concourent pour les récompenses qui sont distribuées annuellement.

Les cotisations annuelles doivent être versées *intégralement* dans la caisse de l'Académie, au plus tard dans les deux premiers mois qui suivent l'admission des membres, quelle que soit l'époque de cette admission. Elles sont renouvelées chaque année, dans le mois de janvier ou de février, par un mandat sur la poste qu'on délivre dans tous les bureaux du royaume, ou par un bon sur le trésor royal ou sur une maison de commerce de Paris.

Tous les envois d'argent se feront par la même voie ou par celle des Messageries et diligences.

RÈGLEMENT

DE L'EXPOSITION DES PRODUITS DES MEMBRES DE L'ACADÉMIE DE L'INDUSTRIE A L'ORANGERIE DES TUILERIES EN 1845.

ART. 1er. — Les membres *seuls* de l'Académie de l'industrie sont appelés à pouvoir concourir à cette exposition, qui se tiendra dans le local de l'Orangerie des Tuileries.

ART. 2. Tout membre démissionnaire ou dont le paiement des cotisations n'est pas acquitté ne pourra être inscrit sur la liste des concurrents qu'après avoir été représenté à la commission supérieure, qui verra s'il y a lieu de le conserver sur la liste des membres de la Société.

ART. 3. — Les objets appartenant aux membres de l'Académie de l'industrie seront *seuls* admis à cette exposition.

ART. 4. Avant de pouvoir être exposés, tous les objets seront soumis à l'examen préalable d'un jury d'exposition.

ART. 5. — Les objets nouveaux paraissant pour la première fois à l'exposition de cette Société, et sur lesquels il n'aura pas été fait de rapport, ne pourront qu'être exposés, mais non concourir, pour cette année, aux médailles et récompenses qui seront décernées, en séance générale, quelques jours après la fermeture de l'exposition.

ART. 6. — Le jury d'exposition, dont les fonctions sont purement honorifiques, est formé d'une commission spéciale, composée de MM. le général baron JUCHEREAU DE SAINT-DENYS, président C✳; MALEPEYRE aîné, vice-président; ODOLANT-DESNOS, secrétaire; CAILLEAU, président du comité d'agriculture, et trésorier; MALEPEYRE jeune, président du comité du commerce; le Dr DANIEL

DE SAINT-ANTHOINE ✳, secrétaire du comité du commerce; SAINTE-FARE-BONTEMPS ✳, secrétaire du comité d'agriculture, et le chevalier ESTIENNE.

Cette commission est chargée d'examiner, de choisir de placer les produits qui lui seront soumis, et, de plus, maintenir l'ordre pendant tout le temps de l'exposition, et de prendre à cet effet toutes les mesures qu'elle jugera convenables.

Les commissaires de service pourront, toutes les fois qu'ils le jugeront utile, s'adjoindre temporairement, pour les seconder, une ou plusieurs personnes prises parmi les membres du conseil d'administration ou parmi Messieurs les exposants.

ART. 7. — A dater du 5 mai, les membres de l'Académie qui voudront concourir à cette exposition devront se rendre, avant le 1ᵉʳ juin, dans les bureaux de la Société, pour adhérer par écrit au présent règlement et y remplir toutes les autres formalités adoptées par le jury d'exposition, et faire connaître les objets qu'ils se proposent de présenter au jury.

ART. 8. — Tout membre ayant rempli les formalités prescrites, ce qui sera constaté sur un registre ouvert à cet effet, recevra directement ou par la poste une carte portant son numéro d'inscription, qui l'autorisera à soumettre ses produits au jury d'exposition.

ART. 9. — Cinq jours avant l'ouverture de l'exposition, tout porteur d'un numéro d'inscription devra apporter à l'Orangerie des Tuileries ses produits pour les soumettre au jury, qui les examinera et indiquera le nombre et ceux de ces produits qu'on pourra exposer, ainsi que la place qu'ils devront occuper.

ART. 10. — *Tout exposant ne pourra exposer que ceux de ses produits qui seront admis par les commissaires présents à leur arrivée; il devra en outre accepter la place que MM. les commissaires de l'Académie auront assignée à son numéro d'inscription, et il devra se soumettre aux changements de places et à toutes les*

mesures d'ordre et de police que ces commissaires juge-
ront nécessaires.

ART. 11. — Chaque exposant sera tenu de venir occuper l'emplacement assigné à son numéro *trois* jours
au moins avant l'ouverture de l'exposition ; et, en cas de
retard, MM. les commissaires sont autorisés à disposer
de sa place.

ART. 12. — Tout objet, une fois entré dans le local de
l'exposition, ne pourra en sortir, lors même qu'il ne serait pas admis à être exposé, que sur la présentation
d'une permission spéciale de sortie, signée au moins de
l'un des commissaires de service, qui ne la délivrera, s'il
ne connaît pas le demandeur, que sur l'exhibition de sa
carte d'inscription.

Art. 13. — Tout exposant pourra vendre ceux de ses
produits exposés ; mais il ne lui sera permis de les livrer
aux acquéreurs qu'à la fin de l'exposition, à moins d'obtenir une permission toute spéciale du jury, et toutefois à
la condition expresse de les remplacer le lendemain,
avant l'ouverture, par un échantillon analogue.

ART. 14. — MM. les exposants se chargeront, comme les années précédentes, des frais de transport, d'étalage, et de tous les autres menus frais particuliers d'entrée, de conservation et de sortie, que l'exposition de
leurs objets pourra occasionner.

ART. 15. — Dans leur propre intérêt, MM. les exposants devront placer et maintenir à leur étalage une personne de confiance, tant pour la sûreté de leurs objets
que pour répondre aux observations du public.

ART. 16. — MM. les exposants des départements,
ainsi que des pays étrangers, seront tenus d'avoir un correspondant à Paris, qui sera chargé de remplir toutes les
obligations imposées aux exposants par le présent règlement.

ART. 17. — L'exposition commencera le 9 juin et
finira le 30 juin inclusivement ; elle aura lieu tous les
jours, depuis midi jusqu'à cinq heures.

MM. les exposants pourront *seuls* entrer à neuf heures du matin, sur la présentation de leur carte d'inscription.

Le public ne sera admis dans les galeries de l'exposition, à midi, que sur la présentation d'un billet, ou d'une médaille de pair, de député, de sociétés savantes, ou de celles délivrées dans les expositions nationales.

Quant à **MM.** les pairs et les députés, ils seront seuls admis à visiter la galerie d'exposition depuis dix heures jusqu'à midi.

Art. 18. — **MM.** les surveillants du palais des Tuileries seront chargés de la police intérieure de la galerie d'exposition.

Le présent règlement, ayant été rédigé pour investir le jury d'exposition de tous les pouvoirs nécessaires, a été fait et approuvé par la commission supérieure dans sa séance du 26 avril, et par le conseil d'administration le 28 avril 1845.

DUC DE MONTMORENCY,

Président de l'Académie.

Le général baron **Juchereau de Saint-Denys**, C ✳,

Secrétaire général.

CATALOGUE
DES PRODUITS
DES MEMBRES
DE L'ACADÉMIE DE L'INDUSTRIE
PRÉSENTÉS
Pour être exposés en 1845.

1.—MOUREY, fabricant de bijouterie à Paris, rue du Temple, 63.

Fabrique et expose des objets repoussés après dorure, au nombre desquels on remarque une magnifique toilette dans le genre feuillage et renaissance.

Il expose aussi divers objets dorés et plus ou moins bien conservés, suivant qu'il leur a ou non appliqué certains moyens de conservation qui lui sont propres : car, si, en faisant, en 1842, la découverte de la décomposition des sous-sels d'argent dans l'argenture électro-chimique, il rendit de grands services à cette nouvelle branche d'industrie, comme le prouvent les rapports de M. Becquerel à l'Institut, de Darcet à la société d'encouragement, et ceux faits à l'Académie de l'industrie, il est juste et utile de dire en outre que M. Mourey est parvenu, depuis cette époque, à trouver un nouveau moyen de parer à l'inconvénient du dégagement de l'hydrogène sulfuré sur l'argent, le plaqué, et l'argenture électro-chimique, et que ce moyen est également fort bon pour conserver les dorures dans leur état primitif, et les maintenir dans un état convenable de fraîcheur.

2.—QUENTIN-DURAND , fabricant d'*instruments d'agriculture* et de *jardinage*, à Paris, rue du Faubourg-Saint-Denis, 189, près la barrière.

Fabrique et expose :
1° Sarcloir à cheval pour la culture en lignes, trois socs en

acier s'écartant sans laisser passer de segment qui casse les tiges, roues mobiles en fonte à chape de fer sous la haie ;

2° Battoir à cheval, deux socs en fer forgé et aciéré, roulette
sous la haie comme le précédent ;

3° Crible, plan incliné, à double grille, breveté d'invention :
il sépare les pierres et la poussière, et nettoie parfaitement 300
hectolitres d'avoine par jour ; ce crible est adopté par le ministre
de la guerre, des entreprises de voitures publiques, des maîtres
de poste aux chevaux et des cultivateurs ;

4° Coupe-racines à lames en rabots, hachant 300 têtes de bet-
teraves ou pommes de terre à l'heure ;

5° Concasseur des écuries à une manivelle ;

6° Hache-feuilles du mûrier, adopté par M. Camille Beauvais,
directeur de la magnanerie, aux bergeries, et par les principales
magnaneries de la France ;

7° Hache-paille rotatif à trois lames, engrenage, roue en fonte
et volant ;

8° Moulin domestique à l'usage des petites fermes, à diverses
graines, utile dans les cuisines, à la campagne, pour la crème de
riz, maïs, blé de sarrasin, etc.; ce moulin est monté sur une
jolie huche en chêne ; son bluteau, en toile métallique et à brosse,
donne deux qualités de farine et le son ;

9° Manége isolé et portatif, tout en fer forgé et en fonte, et
fixé sur un châssis ou patin en bois de chêne ; il s'expédie tout
monté ; le modèle de ce manége était à la dernière grande exposition ;

10° Collection de barattes semi-métalliques, avec les derniers
perfectionnements : ces barattes font le beurre promptement et
d'une qualité supérieure ;

11° Ratissoire à bras avec roulettes en fonte, montée sur chape
mobile pour faire incliner le tranchant de la lame, suivant la
dureté du sol ;

12° Ratissoire à cheval, même système que la précédente,
portant de plus un râteau mobile et à levier mobile, avec dégor-
geoir. Cette ratissoire figurait à la dernière exposition nationale.

On trouve également chez M. Quentin Durand des vases et
colonnes en stuc, pour décors des jardins et des intérieurs.

3.—LOISELIER, peintre-vitrier et fabricant de cloches pour jardins, à Paris, rue Meslay, 52.

Les nouveaux modèles de cloches en verre qu'il fabrique pour
jardins présentent l'avantage d'avoir des soupapes qui peuvent
donner de l'air à volonté sans avoir besoin de les soulever ; de
pouvoir être vendues à 25 p. 100 au dessous de celles qu'on voyait
autrefois, et de pouvoir être construites sur une échelle aussi
grande qu'on le voudrait, si bien qu'elles peuvent servir pour les
melons ou de petites serres pour les boutures, et même remplacer les petits châssis.

4.—LEPERDRIEL, pharmacien à Paris, rue du Faubourg-Montmartre, 78.

Expose : 1° Des produits pour exutoires qui jouissent depuis bien des années de la faveur du public. Ils consistent en *taffetas épispastique* pour **VÉSICATOIRES** , *taffetas rafraîchissant* pour **CAUTÈRES**, **COMPRESSES** en papier lavé qui sont préférables au linge , **COMPRESSES** désinfectantes pour enlever la mauvaise odeur des plaies, **POIS ÉLASTIQUES** en caoutchouc, à la guimauve et au garou, de toute grosseur et de toute forme, *toile vésicante* pour établir promptement et sans douleur les vésicatoires, etc.; 2° des **GANTS** et des **BAS ÉLASTIQUES** en caoutchouc contre les varices, engorgements et autres maladies des membres : ces bandages, avec ou sans coutures, n'ont ni œillets ni lacets; la compression méthodique qu'ils exercent apporte un prompt soulagement et quelquefois la guérison ; 3° des **CEINTURES VENTRIÈRES** élastiques et à jour.

5.—PENANT-GODARD, fabricant des *Cafetières française* et du *Café aromatherme*, à Paris, rue de l'Arbre-Sec, 60, près la rue St-Honoré.

Honoré d'une médaille d'honneur pour son *Café aromatherme*. M. Penant le prépare à l'air chaud, par un moyen particulier de concentration qui lui donne plus de force, un parfum plus délicat.

Il est aussi l'inventeur de la cafetière française qui a été admise à l'exposition de 1844 et qu'il fabrique actuellement pour les besoins du public.

Cette cafetière, entièrement en verre, conserve au café toutes ses précieuses qualités. Elle offre, sur les systèmes connus, entre autres avantages, ceux de donner une liqueur parfaitement limpide et d'être complétement inexplosible par la nature même de sa construction; enfin elle permet de prolonger l'infusion aussi long-temps qu'on le désire, sans être obligé de faire remonter le café , abus de toutes les cafetières ; enfin , à l'aide d'un procédé qui lui est propre, le sieur Penant est parvenu à torréfier le café, dans les conditions les plus avantageuses, à l'aide des jours aromathermes. La grande consommation qui se fait chaque jour à Paris de ce café est la meilleure preuve de l'excellence de son système.

6.—LELONG, fabricant de chaînes et bijoux en doré, à Paris, rue du Temple, 49.

Expose un assortiment de nouveaux modèles de chaînes dorées qui se font remarquer par la grâce, le fini de l'ouvrage et la modicité des prix. Tous ces articles, fabriqués par des moyens mécaniques, sont très convenablement portés par les personnes les plus riches et conviennent surtout à l'exportation.

7.—ROUSSEVILLE, rue Saint-Martin, 155, au coin de celle Neuve-Bourg-l'Abbé.

Médaille d'honneur et mention honorable en 1839. Breveté d'invention et de perfectionnement.

Seule fabrique de couverts garantis non cassants, revêtus des poinçons *Wolfram R.-S., breveté, Rousseville.*

Ce métal sonore, inoxidable, avec lequel il fabrique des couverts de modèles élégants et autres articles pour le service de table, est d'une blancheur et d'une solidité prouvée par diverses expériences; aussi il dispute à l'argent lui-même le rang qu'il occupe dans l'orfévrerie.

Il expose en outre : Divers Clyso-monoloskènes ou seringues fonctionnant seules, brevetées d'invention pour lavements, injections, douches ascendantes et irrigations.

Des Clyso-pompes à jet intermittent rectifié et à jet continu, à des prix modérés, et ne le cédant à aucun autre pour leur qualité supérieure.

Enfin il fabrique toujours toute la poterie d'étain.

8.—Veuve LEFORESTIER et GERMAIN, fabricants de laques et objets vernis, rue Chapon, 19 bis, à Paris.

Fabriquent et exposent des plateaux et autres articles en LAQUE ANGLO-FRANÇAISE qui sont supérieurs par leur solidité à tout ce que l'on fabrique dans le même genre en Angleterre et en Allemagne. Ils se distinguent :

1º Des plateaux anglais par leur grande solidité et la douceur de leurs prix ;

2º Des plateaux allemands par leur plus grande légèreté, par leur nature moins cassante, et par leur plus grande variété de dessins et d'ornements, tant en creux qu'en relief;

3º Des plateaux fabriqués jusqu'à ce jour en France par leur plus grande solidité, leur régularité, et parce qu'ils sont d'un tiers plus légers.

Ces fabricants exposent en outre des corbeilles à pain, des écrans, des porte-carafes, des porte-mouchettes, des huiliers, des cuvettes et autres articles, tous également en laque.

9.—BARBAROUX DE MÉGY, de Marseille, grand dépôt chez Laurent Bert, Faubourg Poissonnière, 9.

Quoique le corail soit momentanément délaissé par la mode,

M. Barbaroux n'en continue pas moins à donner à sa manufacture plus d'extension que par le passé : car ses articles d'exportation, de plus en plus convenablement appréciés à l'étranger, ont au contraire pris encore un plus grand essor par les demandes qui lui arrivent des diverses contrées éloignées, ce qui lui permet d'avoir constamment des coraux de tous genres à la disposition du commerce et de la bijouterie.

10.—FARGE, fabricant breveté de parapluies, au *Jonc phénomène*, passage des Panoramas, galerie Feydeau, 6, à Paris.

Les personnes qui vont en voyage sont prévenues que ce fabricant vient d'inventer un parapluie de voyage qui se recommande par sa commodité, sa solidité et son élégance. Un mécanisme très simple permet de le raccourcir instantanément de manière à le faire entrer dans une malle de poste. On s'en sert comme d'un parapluie ordinaire, car il n'en diffère que par son mécanisme, qui double, au lieu de l'affaiblir, la solidité de son manche.

M. Farge fabrique dans le même système des ombrelles, dont les dames qui voyagent reconnaissent déjà l'utilité.

On trouve dans son magasin un grand choix de parapluies, d'ombrelles, de cannes, de fouets et de cravaches de toute espèce ; des bois de cerf et de chevreuil montés et non montés. On y fait les raccommodages et remises à neuf, le tout à des prix très modérés.

La CANNE-PARAPLUIE FARGE, supérieure à tout ce qui a été fait en ce genre, a été l'objet d'un rapport favorable à l'exposition de 1844.

La vente de cet article a pris un tel développement, que la quantité qu'il fabrique lui a permis d'en réduire le prix et d'en augmenter les qualités.

Les objets provenant de ses ateliers sont vendus au public avec garantie.

11.—COURTY, fabricant d'objets de passementerie, à Paris, rue Sainte-Avoye, 63, hôtel Montholon, en face la rue de Braque, ci-devant boulevart Beaumarchais, 4.

Ce fabricant habile, dont les métiers sont établis avenue Parmentier, 9, et qui a obtenu un brevet d'invention, a eu le malheur d'être ruiné coup sur coup par deux incendies. Son courage et ses efforts méritent d'appeler sur lui la généreuse sollicitude du public ; et son habileté est prouvée par son exposition, qui se compose de cordons caoutchouc en soie, en laine e (en cordonnet ; de cordons nouveaux, de lacets pour bottines et gilets ; de ganses pour tailleurs et pour meubles. Il fabrique aussi les tissus en caoutchouc et autres pour bracelets et la bijouterie.

12.—SINOT, fabricant du *Café concentré*, à Paris, rue Saint-Honoré, 202, près la place du Palais-Royal.

Le café exposé par M. Sinot a été brûlé de manière à ne rien lui laisser perdre de son arome par l'évaporation ; aussi il se recommande aux gourmets par sa force et par son parfum.

13.—PICAULT (Gust.), fabricant de coutellerie, à Paris, rue Dauphine, 52.

Honoré d'une grande médaille d'argent de l'Académie de l'industrie en 1844.

Inventeur des tranchants à scie, M. Picault expose un grand couteau romain, représentant d'un côté la translation des cendres de Napoléon aux Invalides, et de l'autre l'apothéose de l'Empereur ; puis, au moyen d'un ressort, on fait à volonté sortir du manche qui lui sert de tombeau une statuette de Napoléon.

M. Picault expose en outre différentes lames du nouveau genre de tranchant inventé par lui. et pour lequel il a obtenu un brevet : ces lames-scies sont supérieures à tout ce qui s'est fait jusqu'à ce jour. Ce système s'adapte à presque toute la coutellerie, et particulièrement aux couteaux à découper, de table, de chasse et de poche, enfin aux serpettes de jardinier.

M. Picault certifie que ce tranchant est d'une longue durée et coupe mieux que le damas ; aussi fait-il toutes ses ventes avec garantie.

14.—PARDOUX - DUPONT, mécanicien à Veyre, département du Puy-de-Dôme, inventeur d'un RÉGULATEUR DES MOULINS A VENT, à Paris, chez M. *Richenet,* rue Saint-Marc, 21, quartier de la Bourse.

Dans l'état actuel des choses, pour faire marcher un moulin à vent, la personne qui est chargée de ce soin est obligée d'étendre à la main sur chaque aile du moulin la voile sur laquelle le vent doit agir. Cette première opération exige un certain temps d'arrêt, et par suite une perte notable de temps de travail.

La variation des vents commande ensuite les plus grandes précautions pour obtenir un bon travail, et pour prévenir les accidents qui arrivent trop souvent pendant les temps d'orage.

Ainsi, lorsque le vent diminue, les voiles doivent être étendues le plus possible; tandis que, si la force du vent augmente, il faut diminuer les voiles pour qu'elles offrent moins de résistance; mais lorsqu'un vent violent survient, la plus grande promptitude est exigée pour plier immédiatement les voiles, si l'on veut éviter que les ailes, et souvent toute la partie extérieure, ne soient brisées et même emportées.

Dans ces circonstances les efforts du meunier sont le plus souvent inutiles : le temps et la force lui manquent, et souvent il est victime de son courage s'il veut affronter le danger.

Le mécanisme imaginé par M. Pardoux-Dupont, et qu'il nomme RÉGULATEUR DES MOULINS A VENT, a pour but de régler immédiatement les voiles d'un moulin, et de donner aux ailes aussi peu de toile que l'on désire sans employer une grande force et sans perdre le moindre temps. Ce mécanisme est simple et il peut s'appliquer à la charpente de tous les anciens moulins, comme on peut s'en assurer en examinant avec soin le modèle exposé.

15.—KLEINJASPER, facteur de pianos, rue Saint-Honoré, 250, en face celle de l'Échelle, l'entrée par la rue des Frondeurs, 1, à Paris.

Ce facteur, qui s'est appliqué surtout à la fabrication des pianos droits, expose un specimen de ce genre de pianos dont on peut apprécier la bonne qualité.

16.—VEDDER, marqueteur et fabricant de meubles et de nécessaires, rue du Pas-de-la-Mule, à Paris, 1, boulevart Beaumarchais.

On trouve dans cette fabrique un grand assortiment de meubles de Boule en bois de rose, ébène, cuivre, écaille, porcelaine, bronze, et modernes en tous genres; ainsi que des nécessaires de toilette pour homme et pour dame, caves à liqueurs, boîtes à ouvrage, à thé, à gants, à pupitres, à cachemires, corbeilles de mariage, dans tous les goûts, à tous prix, et parfaitement conditionnés.

Il fait la restauration des meubles de Boule, en marqueterie, ou sculptés, et des objets d'art, etc.

Cette maison expédie en province et à l'étranger.

17.—HUREZ (F.), fabricant d'appareils de chauffage de toutes espèces, à Paris, rue du Faubourg-Montmartre, 42.

Maison spéciale pour la construction des FOURNBAUX-POTA-

GERS ÉCONOMIQUES, inventés par M. F. *Hurez*, et récemment perfectionnés. Plus de *quinze cents* fourneaux de ce genre fonctionnent dans Paris chez les principaux *restaurateurs, limonadiers*, épiciers, *charcutiers, chefs d'institutions*, et dans les *hospices, pharmacies, hôtels* et *maisons bourgeoises*.

Déjà aux expositions précédentes M. Hurez se faisait remarquer parmi les caminologistes les plus habiles de Paris ; aussi a-t-il reçu plusieurs médailles d'or, d'argent et de bronze, notamment de l'Académie de l'industrie en 1842, et à l'exposition nationale de 1844, pour le perfectionnement, l'élégance et le fini de ses appareils.

Mais, toujours infatigable dans ses recherches d'amélioration, il vient encore, cette année, de perfectionner son nouvel appareil pour brûler l'anthracite. Ce travail n'est point un de ceux qui lui ont donné le moins de peine ; aussi est-il arrivé, après de longues recherches, à obtenir le résultat le plus heureux et à dépasser les appareils de ce genre qui ont paru jusqu'à ce jour en Angleterre et aux États-Unis.

M. Hurez s'est en outre appliqué depuis long-temps à réunir dans ses ateliers les appareils qui offrent le meilleur mode de chauffage, ainsi que l'élégance des formes. On peut donc être assuré de trouver chez lui un grand choix d'appareils de toute nature, soit au bois et à la *française* ; soit à charbon de terre, de formes anglaises ou flamandes.

Ses appareils à double régulateur pour activer d'abord la combustion sans fumée et en recevoir ensuite tout le calorique, ainsi que ses calorifères, ont obtenu l'assentiment de tous les connaisseurs.

M. Hurez n'a rien négligé pour faire ressortir de plus en plus la bonté de ses appareils pour charbon de terre et charbon de bois ; la confection de ses cheminées à double régulateur, de ses *fourneaux-potagers économiques* de différents genres, et de ses calorifères portatifs à foyer général d'un résultat éprouvé, offre des objets qui joignent à l'économie et à la commodité du chauffage les formes et la grâce les plus désirables avec les ornements les plus variés en fonte et en cuivre, et dont le travail mérite de fixer l'attention pour la solidité, les matières, la combinaison, l'élégance et le confortable.

Enfin depuis quelques mois l'attention du public parisien est fixée sur ses *fourneaux-potagers économiques* à double fond, et sur ses *rôtisseries à réverbération* et *à étuves*, où les morceaux rôtissent devant une plaque de tôle et SANS FEU APPARENT.

18.—GOZOLA (Raphaël), peintre, fabricant breveté de stores, à Paris, quai de la Tournelle, 35.

Les fleurs du store transparent que cet artiste expose ne le cèdent en rien par leur beauté, leur dessin, et la richesse de leurs couleurs, à la copie du tableau de Schlesinger qu'il avait mis à la dernière exposition nationale, et qui lui a valu la faveur de pouvoir en fournir à S. M. le roi.

19.—HOEFER, ébéniste, breveté de M. le duc Alexandre de Vurtemberg, à Paris, boulevart Beaumarchais, 22.

Ce fabricant distingué, qui a de nouveau obtenu une médaille à l'exposition nationale de 1844, et dont les produits lui ont mérité tour à tour de l'Académie de l'industrie des médailles d'argent, de platine et d'or, s'est encore signalé cette année tant par son bon goût que par les améliorations qu'il a apportées dans la confection de ses meubles, dont on ne peut trop admirer l'élégance, et qui sont pourtant, comparativement avec beaucoup d'autres, d'un prix extrêmement modéré.

Ses meubles en ébène ou palissandre mat et brillant, fabriqués par des moyens qui lui sont particuliers et pour lesquels il s'est fait breveter, ont obtenu la faveur du monde riche et élégant.

Il expose plusieurs grands et petits meubles, tels que lits, commodes, armoires, bureaux de dame, toilettes, tables à ouvrage et corbeilles de mariage pouvant servir de tables à ouvrage. Tous ces meubles en palissandre, en ébène ou en bois de rose, et richement ornés, ont été confectionnés sur les propres dessins de M. Hoefer, et se font remarquer par l'élégance de leurs formes et le bon goût de leurs ornements. Aussi est-il rare qu'ils restent long-temps dans les magasins du fabricant, qui confectionne également sur commandes.

20.—DIEUDONNÉ, ferblantier breveté, à Paris, rue de Bondy, 2.

Expose et fabrique un nouveau système de SIÉGES INODORES PORTATIFS, joignant à de belles formes tous les avantages que l'on peut désirer, ainsi que des ARMURES EN ZINC imitant l'acier, et des OBJETS DE TRANSFORMATION mécanique pour théâtre.

21.—EMERY, coiffeur, fabricant de perruques, rue Saint-Antoine, 31, à Paris.

Vient de trouver un nouveau tissu dont il a fait l'application aux perruques et aux faux-toupets. Ce tissu, qui est à l'abri des défauts signalés, laisse à la tête sa libre transpiration.

Il a imaginé aussi un nouvel appareil nommé CÉPHALOTYPE qui se compose de petites lames de plomb qu'on applique sur la tête pour en prendre exactement toutes les formes, ce qui permet d'être assuré que la perruque dont on devra se servir s'appliquera exactement sur tous les points de la tête.

22. — MONMORY aîné, fabricant de couleurs, rue Saint-Denis, 390, à Paris.

SICCATIF LUISANT,
Mise en couleur sans frottage.

Cette préparation, solide et d'une odeur agréable, a l'immense avantage de n'avoir pas besoin d'être frottée, de sécher en deux heures en toute saison, de durcir en vieillissant, et d'être du plus beau brillant, sans avoir l'inconvénient de faire glisser comme la cire.

Il y a du rouge, du jaune, de la couleur noyer, et du transparent pour les boiseries, du noir pour ferrures, du vert, etc.

Cette peinture peut être employée à l'extérieur comme à l'intérieur.

Manière de s'en servir selon le procédé de Monmory aîné.

Toute personne peut l'employer. Il faut que le carreau ou parquet soit nettoyé et sec, qu'il n'y ait pas de cire ni couche à la colle. On remue fortement le vase qui contient la couleur, et on étend celle-ci avec un pinceau propre et sec, comme une peinture ordinaire. Au bout d'une heure on peut passer la deuxième couche, qui est indispensable pour obtenir le brillant et la solidité, et deux heures après s'installer dans la pièce, toutefois en ménageant le frottement pendant quelques jours.

Lorsque le carreau ou parquet deviendra sale, on lavera avec une éponge, on laissera sécher, puis on essuiera la poussière avec un chiffon, et le brillant reparaîtra.

Prix : 3 francs le kilo, qui suffit pour six mètres superficiels à deux couches.

Il y a des vases depuis un kilo jusqu'à cent et plus. On se charge de la mise en couleur, garantie à raison de 75 cent. le mètre superficiel à deux couches.

CIRAGE VERNIS PERFECTIONNÉ POUR LA CHAUSSURE.

Fabrique spéciale de *vernis gras* pour les voitures et la tôle vernie.

VERNIS PAR PROCÉDÉ ANGLAIS pour l'équipage.

Vernis incolore, séchant très promptement, pour intérieur de bâtiment.

23. — MOUNIER, garnisseur de nécessaires et fabricant de cartonnages de fantaisie, à Paris, rue d'Anjou, 9, au Marais.

Se livre particulièrement à la confection des garnitures de nécessaires, et fabrique les objets de fantaisie pour étrennes et pour confiseurs ; il garnit à façon en velours et en soie pour MM. les tablettiers, bijoutiers en doré et fabricants de bronze ; enfin il fait en général tous les objets de fantaisie.

24. — PELLETIER, mécanicien, à Paris, place du Vieux-Marché-Saint-Martin, 7.

Fabrique et expose des timbres pour portes d'appartements et portes cochères. Ces timbres, au moyen d'un bouton qu'on touche avec le doigt, rendent un son plus agréable et plus vif que celui des sonnettes ordinaires.

25. — CHOUILLOUX, professeur d'écriture. passage des Panoramas, galerie Feydeau, 10, à Paris.

Honoré de diverses médailles et récompensé, pour les succès qu'il a obtenus dans les écoles de la garde municipale, par M. le ministre de l'instruction et par M. le préfet de police. M. Chouilloux change EN MOINS DE VINGT LEÇONS les écritures les plus défectueuses et les transforme en une belle écriture anglaise moderne, rapide et régulière. Dès la huitième leçon, toute écriture défectueuse est changée, et elle est perfectionnée et régulière à la vingtième, quel que soit l'âge des personnes.

Il donne des leçons particulières en ville, et est attacché spécialement à plusieurs institutions et aux écoles régimentaires de la garde municipale.

Il tient tous les soirs chez lui, de sept à neuf heures, cours public.

26. — ANNÉE (Th.), fabricant de nécessaires, 18, rue Chapon, à Paris.

Fabrique et expose des nécessaires en tous genres, des petits meubles de fantaisie, des corbeilles de mariage, des caves à liqueurs, des coffres genre Boule, des boîtes de toutes formes et de toute espèce ; ainsi qu'une collection d'éventails anciens, et de porcelaines anciennes, de Chine et du Japon.

27. — HURET (Auguste), fabricant de CORSETS, à Paris, passage du Caire, 38, galerie Sainte-Foy.

Expose les corsets à tournure hygiéniques inventés par Mme Huret, que l'on a vus, après dépôt fait au tribunal de commerce, figurer avantageusement à la grande exposition de 1844 et qui ont assuré à cette maison un succès toujours croissant ; il expose aussi des corsets de voyage à tournure hygiéniques qui remplacent avantageusement les corsets matelassés, ayant le grave défaut d'attirer le sang vers la poitrine et d'occasionner des migraines et des suffocations que l'on évite par l'usage de ces nouveaux corsets.

28. — LEMARE (veuve), fabricante brevetée des caléfacteurs, quai Conti, 3, à Paris.

Expose des CALIFACTEURS perfectionnés ou appareils propres à faire cuire à la fois, avec une livre de charbon, de deux à sept plats, y compris le rôti pour quatre à six personnes;

Des CYLINDRES de bain en cuivre, chauffant le linge, du prix de 55 francs;

Des CAFÉTIÈRES-LEMARE, seules de ce nom, à l'esprit-de-vin, à feu supérieur, chauffant en même temps le lait;

Des APPAREILS DE VAPORISATION, dont un semblable fonctionne depuis trois ans à l'administration des Parisiennes;

Des COUVOIRS pour l'éclosion des œufs;

Des LAMPES-BOUGEOIRS, chocolatières, réchauds, etc., etc.

Tous ces appareils ont valu à leur inventeur deux médailles d'or à la Société d'encouragement et quatre médailles d'argent aux quatre dernières expositions nationales.

Voir la *Notice* détaillée donnant la description des divers appareils; prix : 50 cent.

29. — HANDUS (jeune), fabricant de chapeaux mécaniques et autres, rue de Richelieu, 34, passage Hulot, à Paris.

Inventeur des chapeaux imperméables à la transpiration, pour lesquels il a obtenu une médaille d'honneur et un rapport de la Société d'encouragement. M. Handus, qui jusqu'à présent s'est borné à la vente en gros, voulant faire jouir le public d'une réelle économie, a réduit ses chapeaux mécaniques, tout ce qu'il y a de mieux et de plus solide, à 15 et 18 francs, et il en garantit la solidité des ressorts pendant six mois s'ils venaient à fléchir par imperfection. Il vient d'ouvrir une maison de détail, rue Richelieu, 34, maison de Molière, dans une des boutiques du passage Hulot. Il y tient un grand assortiment de chapeaux de soie à 10, 12 et 15 francs, tout ce qui existe de mieux, et il fait la commission pour la France et l'étranger.

30. — DESBORDES, fabricant breveté d'*instruments de mathématiques et de physique*, à Paris, rue Saint-Pierre-Popincourt, 20, en face du boulevart, près la rue Ménilmontant.

Les ateliers de M. Desbordes, ayant été depuis quelque temps considérablement agrandis, sont actuellement établis de manière à lui permettre de livrer au commerce tous les instruments de physique, de mathématiques, d'astronomie, de géodésie, d'arpentage et de nivellement, au plus bas prix possible, tout en leur donnant le plus grand degré de précision ; il confectionne également de petits modèles de machines à vapeur, de presses hydrauliques et d'appareils divers propres à démontrer l'application des sciences aux arts ; il fabrique enfin tous les objets qui rentrent dans le domaine du constructeur d'instruments de précision, dont un grand nombre a été et est encore chaque jour livré au Conservatoire des arts et métiers de Paris, à l'Ecole des arts et métiers d'Angers et de Châlons, et dans une foule de cabinets de physique.

Il expose les instruments suivants, par lui inventés ou perfectionnés :

Un niveau-cercle à lunette et à vis calante, sur lequel M. Olivier a fait à la Société d'encouragement un rapport des plus favorables ;

Des *machines pneumatiques* à double épuisement ;

Un nouveau *cathétomètre* de Silbermann ;

Un petit *sextant* nouvellement établi pour mesurer les angles étant à cheval, spécialement propre aux officiers d'état-major ;

L'ALCOOMÈTRE VIDAL, essentiellement convenable pour apprécier et reconnaître la richesse spiritueuse des vins, de eaux-de vie, des vernis et de tous les liquides plus ou moins alcooliques ;

Un *niveau indicateur* ou *niveau de sûreté* pour placer sur les chaudières à vapeur marchant à haute ou basse pression, et construit de manière que le gardien peut arrêter immédiatement toute communication de l'eau ou vapeur de l'intérieur avec l'extérieur dans le cas où le tube viendrait à se fendre ;

Des *manomètres à air libre* et *à air comprimé* d'une précision parfaite et offrant dans leur application toute la sûreté possible ;

Des *flotteurs à sifflet d'alarme*, pour le service des machines à vapeur ;

Des *compas à verge*, dont les poupées sont ouvertes à la partie supérieure, pour pouvoir y fixer des règles de toutes les longueurs ;

Des *compas à trois branches pour tracer les ellipses*, se manœuvrant avec la plus grande facilité ;

Des *compas à demi-cercle* pour tracer également les ellipses ;

De petits modèles avec cylindres en cristal pour faciliter la démonstration de *presse hydraulique*, de *machines à vapeur*, de *cafetières*, et d'une foule d'autres appareils ;

Des *boîtes de mathématiques* de toutes les grandeurs et de tous les prix, avec assortiment de *compas à la Desbordes* ;

Une *petite machine à comprimer l'air et les gaz*, établie d'après un nouveau système.

31. — DUQUESNOY, fabricant de biberons, rue du Faubourg-Saint-Denis, 85, à Paris.

Médaille d'honneur en 1843 et d'argent en 1844.

BIBERONS DUQUESNOY accueillis par S. A. R. Mme la duchesse de Nemours et Mme la princesse de Joinville, le seul biberon-filtre régulateur et mobile à l'exposition de 1844, ne laissant aspirer que la quantité de lait dont l'enfant a besoin.

Résumé du rapport fait au Comité des manufactures sur le biberon-filtre régulateur et mobile de M. Duques-noy, par M. le docteur de Saint-Anthoine.

Cet appareil nous paraît être le meilleur biberon inventé jusqu'à ce jour en France. Une connaissance peu ordinaire des lois de la physiologie et de l'hygiène de l'enfance y a été appliquée avec bonheur. Les mères de famille trop faibles pour nourrir leurs enfants trouveront en lui un auxiliaire puissant.

Ce témoignage flatteur de M. de Saint-Anthoine a reçu une entière approbation de tous les membres de l'Académie, et une médaille d'honneur a été décernée à M. Duquesnoy, bandagiste herniaire orthopédique et fabricant de corsets en tous genres, bas lacés, ceintures, bandage imperceptible, et tous instruments de chirurgie. Fait la commission. (Affranchir.)

32. — DELARUELLE (V^e) et LEDANSEUR, fabricants de pastels, crayons et couleurs, à Paris, rue du Petit-Thouars, 21, dans la cité Bouflers, enclos du Temple.

Ayant obtenu une médaille d'honneur à l'exposition nationale de 1844, d'argent à l'Athénée des arts pour des crayons de couleur à dessin, et de l'Académie de l'industrie pour le perfectionnement de ses pastels.

Ce fabricant fait toutes sortes de crayons à dessin, et particulièrement les crayons en noir d'Etna pour l'huile, la gouache et l'estompe, d'excellents crayons de couleur à retoucher, des tablettes de couleurs fines, des crayons lignes de divers numéros, et surtout des pastels fins pouvant parfaitement bien se tailler.

33. — MOISSON, herboriste, fabricant de la *Savonnière-Moisson*, à Paris, rue de la Vieille-Monnaie, 21, quartier des Lombards.

Rien de plus facile et de moins dispendieux que la SAVONNIÈRE MOISSON pour enlever les taches sur toutes sortes d'étoffes, ou les nettoyer dans leur entier : il suffit de la mêler avec égale quantité d'eau, d'en imbiber la partie sale, frotter avec une brosse douce, et rincer à l'eau propre. Une instruction est jointe à chaque flacon de 75 c. ou de 40 c., et à chaque paquet de 80 c. ou 40 c.

Son principe actif étant un alcali végétal, elle ne peut être nuisible. Aucune remise n'est faite pour moins de 5 kil.

Afin d'en généraliser l'usage, les magasins d'épiceries sont intermédiaires pour la vente de cet article, comme étant en rapport direct et journalier avec toute la population de chaque localité. Bon nombre de ces magasins en sont pourvus depuis long-temps.

34. — LELOUTRE, serrurier-mécanicien, successeur de Bécasse , fabricant de *coffres-forts* et de *serrures de sûreté*, rue du Caire, 10, à Paris.

Expose un coffre-fort qui est doublé en fer à l'extérieur et à l'intérieur ; il est fermé avec une serrure à pompe double fond ; elle a quatre pênes circulaires ; de plus une combinaison perfectionnée, dont le mot se change à volonté au dehors de la porte, sans rien démonter.

Les tablettes du coffre sont en fer avec des tiroirs de sûreté, afin que, si le feu prend, les papiers qui y sont renfermés ne brûlent pas.

Il expose aussi des serrures et verrous de sûreté à pompes et à gardes mobiles.

35. — TASSART, chocolatier et fabricant de conserves, rue du Bac, 63, à Paris.

Expose des échantillons de conserves, de fruits bouchés à l'émeril ainsi que d'autres bouchés à la mécanique.

36. — ZERR, cordonnier breveté, à Paris, passage Colbert, 8 et 10.

Se livre particulièrement à la fabrication des *étoffes en crin* dites SICYONIENNES pour chaussures.

Déjà connu pour sa belle fabrication, M. ZERR a inventé une nouvelle *étoffe en crin* spécialement destinée à la chaussure pour hommes, femmes ou enfants. Ce tissu réunit la grâce, la légèreté et la solidité ; la diversité des nuances et le choix des dessins en font un objet de goût et de fashion pour les dames.

Les bottes, bottines et souliers d'hommes, confectionnés avec ce nouveau tissu en crin, offrent un avantage incontestable sur toute autre chaussure d'été pour la solidité, la fraîcheur et l'imperméabilité.

M. Zerr est le seul industriel admis à l'exposition de 1844 qui puisse offrir cette inimitable chaussure, dont l'étoffe n'est nullement semblable à celle dite *crinoline*.

Toutes ses chaussures seront marquées d'un cachet à la semelle et sur la doublure.

57. — GILLET, ferblantier-lampiste, fabricant breveté du *Rota glaciateur*, à Paris, rue du Port-Mahon, 14.

Fabrique et expose un instrument appelé *Rota glaciateur*, propre à confectionner des glaces à manger en 55 minutes, par un moyen facile et si peu pénible, qu'on peut, avec son secours, confier ce travail à la première personne venue, et même à un enfant.

58. — M. PAUL SIMON, dentiste, boulevart du Temple, 42.

Les travaux si remarquables de ce dentiste ont obtenu le plus grand succès au palais de l'industrie, à l'exposition nationale de 1844. On doit attribuer ce succès aux avantages qu'ils présentent. En effet, au moyen des rateliers qu'il pose, on peut manger comme avec des dents naturelles ; il n'y a point de souffrance à redouter, parce qu'il est inutile d'extraire les racines, et qu'on peut conserver les dents chancelantes. Le fini du travail est d'une si grande perfection, que l'œil le plus exercé ne saurait reconnaître aucune trace de dents artificielles.

59. — TRUC, fabricant de bronzes et de la lampe *Néo-Carcel*, rue Porte-Foin, 3, près le Temple.

Cet inventeur a obtenu une médaille de bronze à l'exposition nationale de 1844 pour sa lampe *Neo-Carcel*, brevetée d'invention sans garantie du gouvernement.

Il fabrique et il expose divers articles de bronze et d'appareils au gaz.

Depuis janvier 1844, époque à laquelle fut inventée la lampe *Néo - Carcel*, l'extension considérable qu'il a été obligé de donner à sa fabrique prouve mieux que tous les éloges la qualité supérieure de son système

Le mécanisme de cette lampe est le perfectionnement de la simplicité. Il consiste en la pression d'un piston flexible, en cuir, mis en mouvement par une chaîne verticale, s'enroulant autour d'une poulie. Cette pression force l'huile, placée dans le pied de la lampe, à remonter dans le bec d'une manière uniforme jusqu'à la mèche, qu'elle imbibe d'une quantité invariable. Le nettoyage en est plus facile que tout ce qui a été fait jusqu'à ce jour; il suffit d'ouvrir le socle, de dévisser le filtre, et de l'essuyer.

40. — DURAND, fabricant du *chocolat au baume du Pérou*, rue Mauconseil, 12, *aux Péruviens.*

Ce chocolat, pour lequel M. Durand a été breveté d'invention, est fabriqué avec les premières qualités de cacao; il joint au plus doux parfum, au goût le plus agréable, des propriétés hygiéniques, nutritives et réparatrices, qui le rendent infiniment précieux pour les personnes âgées, pour les convalescents, et généralement pour les estomacs débiles et les organes affaiblis.

Prix : 3 et 4 francs le demi-kilogramme; pastilles, 1 franc la boîte.

On trouve à la même fabrique des chocolats aux prix de 1 fr. 50 c., 2 fr., 2 fr. 50 c., 3 fr. et 4 fr. le demi-kilogramme.

Il fabrique en outre cette année du chocolat rafraîchissant pour voyages, ainsi que le même aux marrons cuits pour le déjeûner des enfants.

41. — PREVOST (jeune), chocolatier breveté sans garantie du gouvernement, rue Phelippeaux, 4, près le Temple, à Paris.

Le chocolat qu'il fabrique et qu'il expose est pareil à celui admis à l'exposition de 1844. Il acquiert de jour en jour une renommée des plus méritées. Exempt de toute falsification, il est d'une douceur extrême, d'une légèreté parfaite, et devient pour les personnes faibles un aliment nourrissant et réparateur. L'on doit le recommander à l'amateur de bon chocolat.

Santé fin, 1 fr. 50 c. le 1|2 kilo; au pur maragnan, 1 fr. 75 c.; pur maragnan et caraque, 2 fr.; pur caraque, 2 fr. 50 c.; pur excellence, 3 fr.; à la vanille, 50 c. en plus par demi-kilo; quelle que soit la qualité au pur caraque sans sucre, 3 fr.; au salep, 3 fr. 50 c.; rafraîchissant au lait d'amandes, 4 fr.

Supérieur en qualité à tous ceux qui se vendent journellement à un prix plus élevé.

42. — HATHUTE, chirurgien-dentiste de l'état-major de la 1re division militaire, à Paris, galerie Vivienne, 13.

Expose des dents à formes naturelles, pour lesquelles il a obtenu *une mention honorable* à la grande exposition de 1839. Sa montre renferme 1° beaucoup de pièces et rateliers artificiels; 2° des moules de dentitions irrégulières redressées par lui, et 3° des pièces d'anatomie représentant les systèmes vasculaire et nerveux qui se distribuent à la face et aux dents.

43. — LEBRUN, relieur, à Paris, rue de Grenelle-Saint-Germain, 126.

Ce relieur, qui réunit le bon goût à la solidité, expose divers volumes reliés avec encadrement composé de filets placés à la main et à petits fers dans le genre Grolier. On y remarque surtout plusieurs ouvrages avec reliures *en cuir de Russie* DE COULEURS VARIÉES, ainsi qu'un assortiment de livres de piété à bon marché dans les prix de 7 à 15 fr., reliés en velours et avec fermoirs.

44. — FLESCHELLE, fabrique de CHAPEAUX DE PAILLE en tous genres, à Paris, rue Richelieu, 95.

Ce vaste établissement réunit dans ses magasins toute la haute nouveauté en chapeaux de paille de fantaisie en tous genres.

Les généreux efforts que n'a cessé de faire le fondateur de cet établissement pour élever l'industrie française au niveau de l'industrie étrangère ont été couronnés du plus brillant succès. Honneur lui soit rendu! car, ainsi que ceux qui l'ont précédé sans autant de bonheur dans la même carrière, il a eu à soutenir une lutte formidable contre l'étranger, et même contre ses concitoyens, qui, jusqu'à ce moment, se trouvaient sous l'influence de ce préjugé que les enfants de la France étaient incapables de faire ce qui se fait à l'étranger depuis un temps immémorial. Aujourd'hui la fabrication des chapeaux de paille française n'est donc plus un problème; et les produits qui pourront dorénavant provenir des fabriques de tresses françaises sont assurés d'avoir un débouché dans les magasins de M. Fleschelle, qui ne cessera de contribuer par tous les moyens possibles au développement d'une œuvre à la fois philanthropique et nationale.

La Suisse fournit à la France et à l'étranger des tissus variés pour la confection des chapeaux de fantaisie. Depuis plusieurs années ces tissus sont en vogue, et l'année dernière ils ont obtenu un brillant succès. M. Fleschelle a encore compris qu'il fallait inventer un article de Paris qui pût faire concurrence à la Suisse, et en effet, après bien des recherches, il est parvenu à faire ses admirables CHAPEAUX GUIPURE de soie, et guipure en paille, qui lui ont valu les suffrages des premières maisons de modes de Paris. Aujourd'hui le chapeau guipure est expédié dans toutes les capitales du monde, et a pris une place distinguée dans l'article modes de Paris.

45. —**CHRÉTIN**, sculpteur, fabricant de mosaïques portatives, à Paris, rue Neuve-Saint-Denis, 9.

Il expose des mosaïques semblables à celles de l'antiquité; seulement, au lieu de les faire en place, ce qui demande beaucoup de temps et coûte un grand prix, il les fabrique dans ses ateliers, puis les porte et les met en place à volonté et en peu de temps; ce qui lui permet de les livrer, quoique aussi bien faites, à 500 fr. au lieu de 3 à 5,000 fr. le mètre, prix auquel une belle mosaïque faite sur place revient aujourd'hui.

M. Chrétin fait aussi la sculpture de bâtiment ou artistique, et entreprend les peintures de décors.

46. —**SINÇAY** (Saint-Paul de), fabricant de *fonte de fer malléable*, à Paris, rue Fontaine-au-Roi, 39.

Cette fonte, par sa malléabilité, est propre aux mêmes usages que le fer et le cuivre; elle se lime facilement, se ploie sous le marteau à froid et à chaud, peut être brazée, aciérée et trempée, reçoit un très beau poli et se ciselle sans difficulté. Elle s'applique avec succès à tous les objets de *serrurerie*, *quincaillerie*, *mécanique*, *armurerie*, *horlogerie*, *objets d'art*, etc., tels que clefs, pênes, cages de serrures, anses de cadenas, fléaux de balances, garnitures de fusils, gardes d'épées, pommes de cannes et de forets, arbres de tours, matrices d'estampes, cuillères, fourchettes, poinçons d'horlogerie, outils divers, statuettes, etc.

47. — **CORDERANT**, fabricant de *cristaux garnis*, à Paris, rue Sainte-Avoye, 12.

Expose des cristaux garnis pour remplacer le cuivre dans les porte-mains, boutons de portes, et autres articles de quincaillerie, afin de ne plus laisser aux mains une odeur désagréable.

48. —**DURAND** (fils aîné), mécanicien breveté sans garantie du gouvernement pour la construction des Garde-robes et Pompes, à Paris, rue Saint-Nicolas-d'Antin, 29.

Fabrique tous les articles qui suivent, dont plusieurs sont exposés.

1° *La Seine*, nouvelle pompe aspirante et foulante, remarquable par le volume d'eau qu'elle produit et la régularité de sa marche.

2º *Pompes en fonte*, aspirantes et foulantes, à balancier ou à volant, pour tous usages.

3º *Nouveau modèle de couverture* en zinc, garantie dix ans.

4º *Tuyaux en fonte à double bague* de Durand pour descentes de lieux.

5º *Garde-Robes* et pipes s'accordant avec les nouveaux tuyaux.

6º *Garde-Robes* à effet d'eau de différents modèles.

7º *Cuvettes en fonte inodores à bascule* pour les eaux ménagères.

8º *Siéges* en fonte pour lieux communs.

Le nouveau système des jonctions pour tuyaux de descentes de lieux, pour garde-robes et pour pipes, pour lequel il vient d'être délivré à M. Durand un brevet de quinze ans, offre toutes les garanties désirables, pour garantir à tout jamais les habitations du gaz méphitique qui s'échappait surtout par les jonctions des branchements avec les garde-robes.

C'est une question importante d'hygiène que M. Durand vient de résoudre.

49. — BUXMANN, fabricant d'Enseignes, rue Notre-Dame-de-Nazareth, 36, à Paris.

Se livre tout particulièrement et avec le succès le plus mérité à la fourniture et à la fabrication des Enseignes *de toute espèce.*

50. — MICHEL, successeur de M. ZEGELAAR, fabricant de Cire a cacheter, rue Porte-Foin, 7, près le Temple.

Admis aux diverses expositions nationales, et ayant obtenu une mention honorable à l'exposition de 1839, une médaille d'argent en 1835, et une autre en platine en 1841 de l'Académie de l'industrie; fournisseur breveté de S. M. la reine des Français, du prince royal M. le comte de Paris et de S. A. R. Mme la duchesse d'Orléans, ainsi que du cabinet du roi et de plusieurs cours étrangères.

Ce fabricant soutient toujours la réputation que ses prédécesseurs possèdent depuis deux cents ans pour la fabrication des cires rouges, noires, et de toutes les couleurs; il est arrivé à les porter au plus haut degré de perfection, et à leur donner un poli ayant l'éclat du vernis le plus brillant.

Pour exemple de la beauté de ses produits, le successeur de Zegelaar expose une montre remplie de cires de luxe et de fantaisie de toutes les couleurs pour les dames, moulées sous toutes les formes les plus nouvelles et les plus recherchées.

51. — **LODDÉ**, fabricant breveté de *plumeaux économiques, à tiges en baleine perfectionnées*, à Paris, rue Bourg-l'Abbé, 52.

Cette innovation consiste dans la fabrication de plumeaux flexibles supprimant les grandes longueurs de bois à l'intérieur, et garantissant contre la casse les objets les plus fragiles, quoique de qualité supérieure et sans augmentation de prix. Par ce nouveau moyen, M. Loddé a l'avantage d'offrir au commerce non seulement toutes les longueurs désirables, mais aussi une baisse de prix de 25 p. 100. Ainsi il vend les modèles ordinaires depuis 2 fr. la douzaine ; les petites plumes de 6 à 120 fr. la douzaine.— Il tient aussi les *plumeaux couleurs et gris pour l'exportation*.

Chaque jour encore, par ses continuels perfectionnements, il leur donne une plus grande solidité. Cette maison, l'une des plus considérables peut-être de l'Europe pour cet article, puisqu'elle occupe à elle seule plus de *soixante* ouvriers dans Paris, possède toujours un très grand assortiment de plumeaux en tous genres, et l'on y fait la vente en gros.

52. — **GÉRARD**, fabricant *d'outils montés*, à Paris, rue Saint-Antoine, 195, place de la Bastille, en face l'église protestante.

Fabrique et vend à très bon compte tous les *outils montés* pour ébénistes, menuisiers et facteurs de pianos, ainsi que les divers outils spéciaux inventés par lui et qui figuraient honorablement à l'exposition nationale de 1844.

53. — **RIMLIN**, ébéniste, rue Neuve-Saint-Laurent, 16, à Paris.

Se livre particulièrement à la fabrication des meubles de luxe et à celle des petits meubles pour dames, dont il expose plusieurs échantillons, qui suffiront pour faire apprécier le mérite et l'habileté de l'ouvrier.

54. — **MARCELIN**, fabricant de parquets et de meubles mosaïques, petite rue de Reuilly, 3, près la rue de Charenton.

Expose des échantillons et des modèles de parquets, ainsi que des meubles et des objets de fantaisie en mosaïques.

La précision obtenue par ce fabricant dans l'assemblage de ses mosaïques, les prix modérés auxquels elles sont livrées au commerce et les soins tout particuliers qu'il met à la confection de ses produits, lui ont mérité la médaille d'argent à l'exposition nationale de 1844.

55. — GODILLOT fils, malletier du roi, à Paris, rue Saint-Denis, 278, et dépôt boulevart Poissonnière, 14, au Pont de fer.

Chaque exposition voit de nouveaux produits de cet industriel. Il expose cette année des malles très commodes et portatives, avec compartiments, tiroirs, secret, etc., pesant un tiers de moins que celles faites jusqu'à ce jour;

Des petites malles pour chemins de fer et petits voyages, pouvant aisément être portées par le voyageur au besoin;

Des étuis à chapeaux de toutes formes dans lesquels on met avec le chapeau les objets de toilette et même quelques effets pour un voyage de peu de durée;

Des boîtes à robes et chapeaux avec tiroirs-caves, etc., d'une nouvelle invention, dans lesquelles les dames peuvent elles-mêmes emballer leurs chapeaux, y varier la position qu'elles veulent leur donner, et changer les compartiments, suivant le besoin. Ces boîtes, très simples et d'un prix très modéré, peuvent supporter de très longs voyages et transporter leur contenu dans la plus grande fraîcheur.

Ce fabricant a apporté une grande amélioration dans les tentes et articles de campements; son nouveau modèle de tente avec soupape, ventilateur et rabat, quoique d'une grande dimension, forme un très petit volume étant plié, et ne pèse que 20 kilog. compris les bâtons, piquets, etc.

Ses cantines très légères formant lit, et contenant tous les *objets* de campements sont utiles aux voyageurs et aux officiers d'Afrique.

Ses malles portatives pour voyages lointains formant lit, et contenant table, chaises, moustiquaires, casseroles, fourneaux, assiettes, conviennent à toutes les personnes qui entreprennent de longs voyages, etc., etc.

Ce modèle de malle contient en outre une grande tente qui, en se déployant, couvre tout ce petit ménage.

Il fabrique et expose en outre tous les articles de *gymnastique*, des *balançoires portatives*, et des *hamacs-portoirs* de blessés.

56.—DESPRATS, fabricant de chaudronnerie et d'ouvrages repoussés au marteau, rue d'Enghien, 31.

Il expose le TRIOMPHE D'AMPHITRITE, bas-relief en argent, *repoussé au marteau* et ciselé, pris dans une feuille laminée de l'épaisseur d'un demi-millimètre, sans soudure ni cassure, dessiné et exécuté par Desprats, rue d'Enghien, 31, où sont ses ateliers pour l'exécution des ouvrages au repoussé de toute dimension, figures en pied, objets de tous genres, armures de toutes espèces, pièces monumentales, telles que le lion du beffroi d'Arras , dû à son travail.

Les ouvrages au repoussé ont tout le fini de la sculpture et de la fonte et sont moins coûteux. La légèreté et la délicatesse des parties qu'on veut décorer, et qui ne pourraient pas supporter la pesanteur de la fonte, peuvent s'accommoder à des ouvrages au repoussé, lesquels auront néanmoins toute la solidité désirable. Il se charge également de la réparation des ouvrages de ce genre, et de refaire ou remplacer les pièces manquantes ou altérées.

57. — LEFRÈRE (Léon), successeur de M. ROLLAND, *coiffeur* breveté sans garantie du gouvernement, à Paris, rue Caumartin, 34.

Ce coiffeur a été breveté d'invention et a reçu une médaille d'honneur pour l'introduction du caoutchouc dans le travail des cheveux. Il fabrique des perruques et toupets de toutes façons à des prix fixes et modérés ; et il est le seul fabricant des perruques qui ne se défrisent pas, à l'usage des cochers (genre anglais), et *perruques nouvelles* pour valets de pied dans le même genre, ainsi que des toupets sans tresses, très légers, pour les personnes sensibles de la tête.

Nota. — Ne pas confondre avec la boutique à côté.

58. —GALOPIN (Hector), marchand de comestibles, rue de la Corderie, 8, et rue Neuve-des-Petits-Champs, 77.

Maison spéciale pour la fabrication des conserves de truffes ; magasin de produits du Midi, dépôt de vins fins de France et de l'étranger.

59. —LECUYER, fabrique les *lampes oléostatiques, inventées par M. Thilorier, breveté,* présentement rue Montmartre, 63, en face le passage du Saumon, à Paris, ci-devant Palais-Royal, 93.

Ces lampes, pour lesquelles une mention honorable a été obtenue à l'exposition de 1839 , ont reçu de M. Lécuyer (depuis

2.

qu'elles sont devenues sa propriété) un perfectionnement qui lui a valu une médaille de bronze décernée par l'Académie de l'industrie.

Depuis, une nouvelle disposition, qui donne à leur fonction une régularité à toute épreuve, a porté ces lampes au dernier degré de perfection qu'elles puissent atteindre.

L'Académie, après un nouvel examen et sur le raaport de M. Sainte-Fare-Bontemps, a accordé à M. Lécuyer une médaille d'argent pour témoignage de sa satisfaction et de l'approbation qu'elle donne à ce mode d'éclairage.

Ces lampes, qui ne contiennent que de l'huile, n'ont aucun mécanisme intérieur, avantage qui permet de les transporter au loin sans crainte de dérangement. Ce système est inaltérable et garanti; elles rivalisent, pour l'éclat de la lumière, avec les meilleures lampes connues, et sont d'un prix moins élevé. Elles ont été admises à l'exposition nationale de 1844, où elles ont été favorablement accueillies du public. Ce fabricant continue à faire la commission et à tenir sa fabrique, rue du Cadran, 55.

60. — DEMARNE, fabricant de cols et lingerie, breveté d'invention sans garantie du gouvernement, rue Croix-des-Petits-Champs, 39, à Paris.

Ce fabricant est inventeur d'un nouveau mode de coupe de chemises, qui permet de n'employer que deux mètres et demi d'étoffe pour établir des chemises d'officiers et de soldats; il fabrique toute la lingerie en général, les cols et cravates en tous genres, et tient assortiment de nouveautés en cravates, foulards et mouchoirs.

61. — GUINIER, fabricant, breveté pour 15 ans sans garantie du gouvernement, tant en France qu'en Angleterre et en Belgique, d'un *nouveau système* de ROBINETS et de *garde-robes inodores*, à Paris, rue de Grenelle-S.-Honoré, 35.

Le nouveau système de robinets qu'il vient d'inventer est applicable à tous les liquides, à la vapeur et au gaz.

Il fabrique de nouvelles garde-robes avec robinet à pression et boîte à graisse.

Enfin il fabrique tous les anciens systèmes de garde-robes tournant des deux côtés, les siéges communs en fonte, les cuvettes à eaux ménagères en fonte, les robinets, et tous les articles en usage dans la plomberie.

62.—SOLON, fabricant de *sculptures d'églises, statues, et objets d'arts religieux*, rue de Paradis-Poissonnière, 4.

Cet artiste, seul admis à l'exposition de 1844 pour le moulage du ciment romain, qu'il a perfectionné, expose une collection de statues de vierges modernes ou gothiques, *Mater dolorosa*, *anges adorateurs*, Saints de tous les ordres et supports de toutes grandeurs. Statuettes gothiques en ciment romain couleur pierre pour devant d'autel. Christs, bénitiers, lampes, chandeliers, tabernacles, expositions, crédences, gloire avec nuages et jéhovah.

63.—GIROUD, facteur de PIANOS, à Paris, rue de la Boule-Rouge.

Inventeur de plusieurs nouvelles améliorations, M. Giroud fabrique des pianos d'un nouveau système. Le public peut en juger par celui qu'on a admis à cette exposition particulière.

64.—FERON, fabricant de *rampes*, à Paris, rue de Clichy, 29.

Expose des modèles de rampes pour lesquelles l'Académie de l'industrie et la société d'encouragement lui ont décerné des médailles d'argent, ainsi que beaucoup d'autres modèles plus riches et très variés. Il est arrivé, comme l'ont dit les deux rapporteurs de ces sociétés, à se faire remarquer par l'élégance des formes qu'il donne à ses rampes et par la solidité de leurs assemblages.

65.—GARDE (Madame), fabricante de pinceaux, à Paris, rue Saint-Martin, 175.

Inventeur breveté, sans garantie du gouvernement, pour ses PINCEAUX NEOSOLÈNES, Madame Garde fabrique seule cette nouvelle sorte de pinceaux, et de plus elle fabrique aussi tous les pinceaux à plumes pour la miniature, l'aquarelle et le lavis, ainsi que les brosses pour les tableaux à l'huile dans tous les genres.

66.—GIRARD, fabricant de STORES, rue S.-Martin, 254.

La richesse du dessin, la beauté du coloris et la solidité des stores de ce fabricant, lui ont mérité de l'Académie de l'industrie trois médailles d'honneur en argent. Le jury de l'exposition nationale a sanctionné ces diverses récompenses en lui décernant une quatrième médaille.

67. — **HUTIN de la Touche,** *tanneur* à Try-le-Château, département de l'Eure.

Expose plusieurs peaux tannées et préparées par un procédé qui lui est particulier. Dans le nombre de ces produits on peut remarquer un BUFFLE, article qui devient chaque jour de plus rare en plus rare, un CUIR tanné, un VEAU tanné et une PEAU DE CHÈVRE préparée.

68. — **LACHAVE,** ex-instituteur du prince Eugène de Savoie-Carignan, professeur de langues à l'école polymathique, inventeur breveté des *tablettes cristallines* ou *ardoises transparentes* pour l'éducation élémentaire des jeunes enfants, à Paris, rue Fontaine-Saint-Georges, 11.

Ces tablettes cristallines ou ardoises transparentes d'un blanc de porcelaine et de toutes couleurs servent avec succès à l'éducation élémentaire des jeunes enfants jusqu'à ce qu'ils puissent écrire avec fruit sur le papier. Cette ingénieuse invention a été honorée dès son apparition du suffrage et de l'approbation des plus recommandables maisons d'éducation de Paris : les succès obtenus la recommandent à toutes les mères de famille, précepteurs, institutrices, etc. La tablette renferme une méthode d'écriture graduée ou une méthode de dessin : un crayon spécial pour les jeunes mains favorise les progrès de cet art si difficile aux enfants. On évite par ce procédé les taches d'encre et les accidents qu'occasionne l'usage des plumes. La blancheur, la transparence de la tablette et le beau noir du crayon, en rendent l'usage préférable à toute sorte de papier, et surtout à l'ardoise grise, si nuisible par l'âpreté de son crayon, qu'on ne peut tailler. On peut varier tous les exercices du jeune âge par l'écriture, le dessin, la géographie, la musique écrite, l'arithmétique, etc. Les artistes viennent de reconnaître que les aquarelles, les gouaches, conservent leurs couleurs inaltérables, et les portraits à la mine de plomb sont, sur cette tablette, d'un effet merveilleux.

Le célèbre docteur Sichel, oculiste, recommande avec empressement l'usage de la tablette verte à toutes les mères de famille dont les enfants ont la vue faible ou affectée : c'est le trésor de l'enfance. Cette tablette est utile au bureau, au comptoir, aux cours publics, albums, portefeuilles, carnets, etc.

69. — **NOEL père,** gérant de la Société des couvertures en OROPHOLITHE, perfectionnées d'après l'invention de M. Chrétien, rue de Buffault, 19.

Cette couverture nouvelle, nommée oropholithe, remplaçant le plomb, le zinc, la tuile, l'ardoise, propre à la couverture des terrasses, chéneaux, revêtissements des parois intérieures des murs contre le salpêtre, hydrofuge et imperméable, à l'abri de la température, se fabrique et s'emploie à froid. On fait des tapis en mosaïque, imitation des dallages de tous genres. Le prix est inférieur au zinc n° 14. On applique la feuille de 2^m,25 sur 1^m,12. On fait des enduits sur des aires de plâtre ou de chaux et sable, etc.

70. — CAU, vannier, successeur de M. Villot-Small, rue Croix-des-Petits-Champs, 23.

L'art du vannier, depuis quelque temps, a fait un immense progrès : aussi M. Cau ne s'en tient plus à la confection de ces grossiers paniers dont les travaux journaliers des fermes ou des basses-cours et cuisines peuvent avoir besoin, mais il se livre à la fabrication d'objets de fantaisie d'un goût souvent des plus gracieux. Les articles à jour sont même tellement jolis et réguliers, qu'ils remplacent avec le plus grand succès auprès des dames le canevas en fil, et maintenant elles brodent ou couvrent chaque jour d'ornements une foule de ces articles. Aussi M. Cau s'applique-t-il à n'avoir dans ses magasins que des objets en vannerie fine les plus nouveaux et du meilleur goût : ainsi l'on y remarque dans ce moment les *vases Masagran*, les *paniers Pompadour*, des *corbeilles suisses et napolitaines*, des *corbeilles* et *paniers bergères des Alpes*, des *vases à fleurs* de toutes les formes, et une multitude d'autres objets pour cadeaux ou pour usages journaliers, tous parfaitement gracieux, très bien travaillés, d'un prix modéré, et ne laissant rien à désirer sous le rapport de la solidité.

Il expose en outre des *paniers avec fleurs en relief*, ainsi que des *jardinières* et des *vases Médicis en osier* pour tables et consoles.

71. — CLERVILLE, *coiffeur*, breveté pour les *Perruques hygiastelniques*, à Paris, rue Montorgueil, 84.

Expose des *perruques hygiastelniques*, c'est-à-dire salubres et ne pouvant se rétrécir, sans ruban, sans tulle et sans couture ; ce qui les rend transparentes, d'une extrême légèreté, et évite une épaisseur désagréable ; avantages dont on apprécie aisément l'importance quand on se rappelle que le ruban et le tulle, en donnant aux perruques de l'épaisseur, interceptent l'air, et les empêchent de sécher sur la tête lorsqu'elles ont été mouillées par la transpiration.

Sa spécialité étant le postiche en général, il est parvenu aujourd'hui à fabriquer ce genre avec un bien grand degré de perfection, au moyen des procédés nouveaux et ingénieux qu'il emploie constamment dans leur confection, ainsi que dans celle de ses jolis cachefolies, demi-cachefolies, tours de tous genres pour dames, et enfin de tous les ouvrages qui sortent de chez lui implantés ou en tulle.

72. — SANREY, mécanicien-machiniste, fabricant de THÉATRES, à Paris, rue du Rocher, 8.

Inventeur breveté sans garantie du gouvernement, et ayant obtenu une citation honorable à l'exposition nationale de 1844, où il avait été admis à faire figurer son invention. M. Sanrey a imaginé un nouveau système de machines pour les changements à vue, applicable à tous les grands théâtres, manœuvrant avec les anciennes machines, ainsi qu'aux théâtres de salon, pouvant se monter et se démonter sans rien endommager, et marchant par un moteur unique qu'un seul homme met en mouvement. Ce nouveau système, en diminuant les cordages et les ponts du cintre, diminue considérablement les causes d'incendie. M. Sanrey tient toujours à la disposition du public des théâtres machinés pour enfants depuis 40 fr. et au dessus.

73. — TARD, fabricant de FILTRES INDUSTRIELS, à Paris, rue de Chaillot, 19.

FILTRES INDUSTRIELS.

Ces appareils, d'une solidité incontestable, sont, par leur dimension, applicables aux plus grandes filtrations comme aux plus petites.

N'exigeant que des couches très minces de matières filtrantes, quel que soit le diamètre du filtre, la perte causée par l'imbibition peut être considérée comme nulle, point très important pour les liquides d'une grande valeur.

Promptitude d'exécution, facilité dans le travail et le nettoiement, produits parfaits, instantanés et abondants, tels sont les avantages de ces nouveaux procédés.

Employés depuis trois ans avec succès dans un grand nombre de fabriques, usines et manufactures de France ou de l'étranger, dans des administrations publiques et particulières, à la clarification des eaux, vins, vinaigres, cidres, huiles de toute espèce, et même de certains produits chimiques, ces appareils sont indispensables aux industriels qui ont besoin de filtrer des liquides ; et les témoignages favorables des hommes les plus compétents dans la science et l'industrie attestent leur importante utilité pour

la clarification des eaux des grandes villes, des bourgs et vil-
-lages, et surtout dans les localités où l'éloignement des rivières
oblige les habitants à se servir des eaux bourbeuses de mare ou
d'étang.

Le peu de volume et de poids de ces appareils, leur facilité de
transport, les rendent d'un utile secours pour la marine, dans
les ambulances, au service d'une armée en campagne, surtout
dans les contrées de l'Algérie où les eaux contiennent une grande
quantité d'animalcules et de petites sangsues qui déterminent
souvent de graves maladies et quelquefois la mort des hommes
et des chevaux.

74.—VAUVILLÉ, *peintre-menuisier*, à Paris, boulevart du Temple, 42, en face le café Turc.

Inventeur breveté, sans garantie du gouvernement, de la *nouvelle peinture sur bois* qu'il nomme XULOCHROMIE, il décore,
par son nouveau procédé, les panneaux et meubles en bois d'une
manière aussi jolie, plus solide et moins coûteuse, que par l'emploi de la laque.

Il reproduit avec la dernière perfection *la peinture*, *les fleurs*,
les fruits, *les bois rares et étrangers*, *les marbres et agates*.

Ces couleurs s'appliquent sur *les vieilles boiseries* et sur *les
anciens meubles*.

75.—PAYEN jeune, bijoutier, breveté d'in-vention sans garantie du gouvernement, rue Mo-lay, 10, près le couvent du Temple, à Paris.

Ce fabricant, auquel on a décerné une médaille d'argent à
l'exposition nationale de 1844, confectionne particulièrement le
grain de choux, la coquette, le bijou créole, la pièce de tête, le
bracelet, la boucle d'oreille, la bague, l'épingle, le bouton, le
cadenas, et autres pièces en or pour l'exportation.

Tous ces articles, quand ils sortent de cette maison, sont toujours en harmonie avec les modes des contrées de France ou de
l'étranger auxquelles ils sont destinés, et sont montés avec cette
grâce qui imprime un cachet si remarquable à la bijouterie de
Paris.

76.— MERVILLE, papetier, rue S.-Honoré, 348, à Paris.

Ateliers de réglure pour la fabrication des registres de maisons
de commerce, de banque et d'administration, qui se confectionnent dans leur maison. Ils se chargent aussi de toutes les ré—

glures particulières les plus compliquées. Ils tiennent un assortiment d'instruments, de papiers imprimés relatifs aux grandes administrations, telles que chemins de fer, canaux, assurances, etc. On trouve enfin dans cette maison un assortiment complet de registres tout faits pour tenue de livres et dépenses journalières.

Grand dépôt de plumes métalliques.

77. — DELAFORGE, fabricant de soufflets de forge, à Paris, rue de Pontoise, 14, quartier de la place Maubert.

Fabrique spécialement des soufflets de forge et des forges portatives de diverses espèces et dimensions. Parmi les produits sortis de ses ateliers on peut remarquer :

1° Une forge pliante pouvant être renfermée dans une caisse de 24 centimètres de profondeur. Le soufflet qui est à cette forge permet de chauffer jusqu'au rouge pour souder une barre de 50 centimètres carrés en 10 minutes. Prix : 500 fr.

2° Une autre forge munie de sa cheminée, dont le soufflet est placé derrière le foyer sur un bâtis en fer, dont toutes les parties sont soudées ensemble, pouvant chauffer à souder en dix minutes une barre de 50 centimètres carrés. Prix : 100 fr.

3° Une forge carrée avec cheminée, dont le soufflet est renfermé sous le foyer dans une boîte en tôle, ce qui donne beaucoup de facilité pour placer cette forge dans un petit emplacement, et garantit le soufflet de tout accident sans en diminuer la force. Pour le préserver de la chaleur, le foyer est isolé de la boîte. Quand elle est de la même dimension que la précédente, elle produit le même effet et est du même prix.

78. — CHEVALIER (Victor), fabricant breveté, auteur d'un grand nombre d'*appareils de chauffage*, d'*hygiène* et d'*économie domestique*. Dépôt rue Montmartre, 140, fabrique et magasins place de la Bastille, rue Saint-Antoine, 232.

On cite comme produits remarquables de sa fabrique :

Un calorifère portatif, chauffant au bois ou à la houille, à doubles parois, avec concentration et circulation d'air, pouvant être établi indistinctement avec tuyau horizontal ou à colonne supérieure, ou enfin à tuyau en contre-bas non apparent pour les magasins.

L'institut de France (Académie des sciences), appelé à donner son avis sur ce calorifère, s'est exprimé ainsi qu'il suit dans la séance du 16 août 1841, par l'organe de M. Dumas, rapporteur de la commission nommée sur la demande de M. le préfet de police :

« Le calorifère soumis au jugement de l'Académie est une mo-
» dification heureuse de l'appareil de chauffage si avantageuse-
» ment connu de M. Chevalier, et sur lequel la société d'encou-
» ragement pour l'industrie nationale a fait un rapport favorable.
» Plusieurs membres de l'Académie attesteront au besoin le mé-
» rite de cet appareil.

» Le nouveau calorifère est particulièrement destiné à brûler
» de la houille; cependant une disposition particulière permet
» également de brûler du bois. La construction a paru à vos com-
» missaires des plus ingénieuses et telle qu'on pouvait l'attendre
» de l'artiste habile qui l'a exécuté. Les résultats obtenus dans
» le cours des essais faits par la commission sont très favo-
» rables, etc. »

Après le témoignage d'une autorité aussi imposante, nous
n'oserions rien ajouter, et le mérite du calorifère de M. Chevalier
ne peut plus être l'objet d'un doute.

On connaît encore sa *baignoire à réservoir supérieur*. Elle est
considérée généralement comme la meilleure des baignoires faites
jusqu'à ce jour, et remplissant les conditions de chauffer l'eau du
bain en même temps qu'elle amène à ébullition l'eau d'un réservoir qui sert à le réchauffer et à chauffer aussi le linge;

Son appareil à double réservoir pour irrigation, douches et
bains de pluie;

Sa glacière de salle à manger pour abaisser la température et
conserver à un état très frais toute espèce de boissons et d'objets
de dessert;

Son appareil pour bains et douches de vapeur avec addition
pour fumigations sulfureuses, dont les propriétés utiles et salutaires
ont été reconnues par le conseil de santé de l'hospice Saint-Louis.

Il expose divers appareils de son invention et fabriqués dans
ses ateliers, place de la Bastille, rue Saint-Antoine, n° 232, où
M. Chevalier a ouvert de vastes galeries qui forment le plus riche
et le plus vaste établissement de ce genre.

Au nombre de ces produits on peut remarquer comme entièrement nouveaux :

Un nouveau buffet calorifère de salle à manger servant d'é-
tuve et pouvant chauffer deux pièces en même temps.

Deux modèles de fourneau économique pour cuisine, avec
applications nouvelles. On trouvera à la fabrique de cet industriel
plus de 100 appareils de ce genre, variant de grandeur, de forme
et de prix, et applicables à toutes les localités.

Une ménagère ou cuisine portative. Ce nouvel appareil économique est précieux pour la campagne pendant la belle saison,
pour le midi de la France et pour les colonies, attendu qu'on
peut faire la cuisine dans une cour, un jardin, etc.

Un nouveau *chauffe-linge de voyage*.

MM. les voyageurs sauront apprécier ce petit meuble, qui, se
repliant sur lui-même et renfermant ce qu'il faut pour chauffer
du linge et de l'eau, peut être placé dans le coin d'une malle. Il

est indispensable pour les personnes qui vont prendre les eaux, pour les salles de bain et même pour les cabinets de toilette.

Un petit appareil portatif et très léger, propre à chauffer en cinq minutes une petite pièce sans cheminée telle que boudoir, cabinet de toilette, salle de bain, etc.

CRYPTOGRAPHE OU CACHET SCELLÉ.

Si, pour un industriel distingué, c'est un devoir de suivre le progrès des arts et de contribuer aux besoins de la vie, il en est un autre non moins impérieux qui consiste à empêcher autant qu'il le peut les manœuvres frauduleuses des hommes disposés à mal faire. M. V. Chevalier pense donc avoir rempli ce devoir en offrant à ses concitoyens, ainsi qu'aux étrangers, une nouvelle fermeture métallique qui assure d'une manière efficace dans la correspondance les valeurs ou les secrets de famille renfermés sous le pli d'une lettre.

On trouve cette fermeture à sa fabrique, à son dépôt, rue Montmartre, 140, et dans les premières maisons de papeterie de Paris, des départements et de l'étranger.

79. — BENOIST, *chirurgien-dentiste*, à Paris, rue du Dragon, 37, place de la Croix-Rouge.

Expose un cadre contenant une collection de différentes pièces de dents artificielles servant à la prothèse dentaire, une collection de modèles en plâtre de bouches déviées, les appareils qui ont servi au redressement des dents et plusieurs modèles d'obturateurs.

80. — CAMBRAY, fabricant mécanicien et d'INSTRUMENTS d'AGRICULTURE, à Paris, rue Saint-Maur-du-Temple, 47.

Justement honoré de diverses médailles d'or et d'argent pour la bonne qualité des machines et des instruments qu'il fabrique au profit de l'agriculture, M. Cambray continue toujours avec activité sa fabrication en grand de *moulins à farine*, de *râpes*, de *machines à battre, à broyer, à concasser*, de *hache-paille*, de *coupe-racines*, de *bluteries*, de *herses*, de *charrues* et autres instruments dont plusieurs sont de son invention. Ainsi il expose cette année comme specimen de ces derniers :

1° Une machine à double systèmes, de son invention, montée sur un même bâtis, portant un hache-paille et une machine à concasser les grains pour les bestiaux, pouvant marcher ensemble par une seule manivelle ou alternativement.

2° Un coupe-racines à disque pour la nourriture des bestiaux.

3° Un moulin à drèche, à cylindres cannelés en hélice et trempés, pour la mouture de l'orge pour les brasseurs.

4° Une machine à faire les farines de graines de lin et de moutarde.

5° Une râpe à manioc, propre à râper également la pomme de terre pour la fécule, les topinambours, la betterave, les sucres en pains, la chapelure et différentes autres substances.

81. — COLIN, fabricant de JOUETS D'ENFANTS, à Paris, rue d'Anjou, 10, au Marais.

Se livre particulièrement à la fabrication des grands jouets d'enfants. Ainsi l'on peut remarquer, dans le nombre des produits qu'il vient de fabriquer, son INTÉRIEUR DE MÉNAGE, et surtout son CAMP, ainsi que plusieurs autres pièces d'une charmante exécution.

82. — G. BOERINGER, opticien, boulevart Bonne-Nouvelle, 3, et rue de la Lune, 8, à Paris, *inventeur* des TIRE-LIGNES DIVISÉS.

Honoré d'une médaille à l'exposition nationale, M. G. Boeringer s'est fait connaître par la limpidité et la beauté des verres de lunettes et autres, qu'il vend au détail et à garantie. C'est aussi à la supériorité de ses compas et tire-lignes qu'il doit la clientèle de nos plus habiles architectes et dessinateurs. Entre autres instruments, on doit mentionner particulièrement son nouveau tire-lignes à cadran diviseur, approuvé par plusieurs sociétés savantes, et sa canne de voyage contenant une armature à poignée rotative, de laquelle se déroule en un clin d'œil un plan de ville ou une carte géographique ; enfin une invention qui peut être d'un grand secours pour les artistes et voyageurs : c'est sa chambre-noire-portefeuille, pour laquelle il vient d'obtenir un brevet, de même que pour les deux objets précités. Cette chambre noire, qui produit les mêmes résultats que celle à prisme, à un prix bien inférieur, n'occupe que le quart de l'emplacement de celle-ci. M. G. Boeringer s'est déjà fait remarquer par plusieurs perfectionnements dans les instruments d'optique et de mathématiques, et, en qualité de jeune commerçant, il mérite d'être encouragé par les connaisseurs.

83. — KLEIN, ébéniste, breveté d'invention, sans garantie du gouvernement, pour ses *lits a rallonges*, Paris, rue du Faubourg-Saint-Antoine, 110, et rue Traversière-Saint-Antoine, 70.

Les récompenses qu'il a reçues de l'Académie attestent mieux que toutes les protestations la supériorité des meubles de sa fabrique, à laquelle sont joints d'immenses magasins qui offrent l'assortiment le plus choisi de toute espèce de meubles.

L'on remarque aussi dans ces mêmes magasins quelques objets curieux, tels que la table de 4m, 50 de long sur 2m, 50 de large d'une seule pièce, en acajou massif (dite l'acajou sans pareil), les lits à rallonges qui se raccourcissent par un mécanisme simple et facile, et l'ingénieux marchepied indispensable dont il est l'inventeur.

La grande quantité de meubles qui se fabriquent journellement dans ses ateliers permet à ce fabricant de vendre ses meubles à des prix très modérés, quoique ne le cédant en rien pour la qualité à des meubles qu'on trouverait ailleurs à des prix beaucoup plus élevés. Aussi l'on est toujours certain de trouver dans ses vastes magasins, et en grand choix, des meubles de toutes les formes, tant pour Paris que pour les départements et l'étranger.

84. — COULON, serrurier, fabricant de *grils de cuisine*, à Paris, rue de l'Arcade, 19.

Fabrique et expose un *nouveau gril* qui préserve de la mauvaise odeur et de la fumée dans les cuisines, ou les appartements qui les avoisinent ; il offre encore l'avantage de conserver le jus et la graisse des viandes qu'on y fait griller. Cet ustensile de ménage est peu dispendieux, et son utilité sera facilement reconnue par tous ceux qui en feront usage.

85. — DAUSSE aîné, pharmacien, fabricant breveté d'une nouvelle *cafetière*, qu'il nomme *à flotteur compteur*, à Paris, rue de Lancry, 10.

La *cafetière Dausse* est certes l'appareil le plus convenable pour préparer le café; on y reconnaît l'entente d'un homme qui depuis long-temps s'est occupé avec succès de l'extraction des principes actifs des substances végétales médicales. En effet rien n'a été oublié dans cet appareil pour obtenir les meilleures conditions de la préparation du café. Le système de filtres en tissu permet l'emploi de la poudre de café très fine : aussi obtient-on une liqueur très limpide et avec une économie de 35 p. 100. La manière dont se place la poudre dans la cafetière est telle, qu'on met autant d'eau qu'on veut sur la poudre, et pourtant on ne fait que la quantité exacte de café qu'on désire faire ; le flotteur-compteur indique le moment précis où le café est fait. Ce procédé est si simple, qu'après une seule leçon, on sait le préparer à tout jamais. Dans ces appareils, on peut faire à volonté peu ou beaucoup de café.

Le magasin pour la vente en gros et en détail est rue de Lancry, n⁰ 10, à Paris.

On le voit fonctionner à l'exposition depuis midi jusqu'à 5 heures, dans un appareil en cristal qui permet la vue du travail intérieur, et où le café se fait même avec de l'eau froide seulement.

86. — RUFFIER, inventeur et fabricant de la TURBINE A CHOCOLAT, à Paris, rue du Port-Mahon, 12.

Les difficultés de la fabrication du chocolat, occasionnées par la transformation successive des cacaos en huile, et qui se remettent en pâte par l'addition des sucres, ont toujours exigé différents appareils pour opérer dans ces divers degrés, notamment le mortier en fonte, reconnu très pernicieux par le contact des métaux.

Le rouleau et la pierre exigent un travail pénible ; enfin les sucres ne sont préparés que sur les mortiers et tamis. La machine *turbine à chocolat* que M. Ruffier offre au public n'exige ¡aucun de ces objets ; le mécanisme, aussi simple que facile, fonctionnant sans bruit, les cacaos sont concassés et sont réduits en huile en peu d'instants, les sucres en morceaux : tout est broyé, mélangé, et même ramassé, sans autre moyen que le mouvement de rotation imprimé et maintenu par l'ouvrier.

Les sucres pour pâte fine sont pulvérisés aux degrés que l'on désire par une partie de la machine ; une autre partie de la machine est disposée pour dresser, et cependant la machine n'occupe que 1 mètre sur 65 centimètres ; 20 cent. de combustible suffisent pour fabriquer 25 kilos, produit de la journée d'un homme.

Tous les broyages sont en granit ; la simplicité de l'appareil n'exige pas d'instruction, et permet de les établir à des prix peu élevés, et qui varient suivant les embellissements que l'on désire.

87. — GARBAI, fabricant de *perles* et *boutons*, à Paris, rue Meslay, 33.

Ce fabricant, qui expose un cadre rempli d'échantillons remarquables par leur beauté, a été breveté d'invention pour les *boutons à la duchesse*, et pour les boutons doubles en perles, imitant les perles fines.

88. — BLONDEL, facteur de PIANOS, breveté d'invention sans garantie du gouvernement, à Paris, rue de l'Échiquier, 41, faubourg Poissonnière.

Il fabrique des pianos avec échappements d'un genre de mécanisme qui possède l'important avantage, surtout en province, où les facteurs ne sont pas toujours habiles, de permettre d'enlever une seule touche au lieu de retirer tout le clavier.

Du reste les pianos de M. Blondel sont très remarquables par la supériorité de leur mécanisme, et l'assortiment considérable de son établissement prouve assez combien ses pianos sont appréciés et recherchés des artistes et des amateurs.

89. — BROWN, fabricant breveté de MÉLOPHONES, à Paris, rue des Fossés-du-Temple, 20, près le boulevart.

Ce nouvel instrument, dont l'Académie de l'industrie a été la première société à ne pas craindre de reconnaître le mérite et les avantages dans un rapport que M. Lahausse n'a rédigé qu'après être arrivé lui-même à pouvoir pratiquement en apprécier toutes les ressources, a été ensuite approuvé par les membres de l'Institut.

Cet instrument, dont le doigté ressemble beaucoup à celui du violon, sauf que les doigts frappent sur des espèces de petites touches ou clavettes, est de la forme d'une guitare, et, comme elle, se tient sur les genoux. Tandis que la main gauche exécute sur le manche de cet instrument le doigté voulu par les notes, la main droite met en mouvement une espèce d'archet qui fait sortir à volonté des sons doux ou vigoureux, coulés ou détachés, pareils à ceux que produiraient soit un seul instrument, soit deux instruments comme bassons, clarinettes ou flûtes, jouant à l'unisson ou à l'octave. Les ressources de ce petit instrument, dont l'étendue est celle d'un buffet d'orgue, sont immenses, et offrent celles de tout un orchestre; aussi les artistes l'ont-ils promptement apprécié, et déjà plusieurs professeurs se sont mis à en donner des leçons. Les mélophones ont subi cette année de notables et nombreux perfectionnements, et leur prix, qui d'abord était fort élevé, est devenu très modéré. Ils ne se vendent plus aujourd'hui chez M. Brown que 300, 250, 200, 150 et même 100 fr., en raison de leur grandeur et de leur luxe.

90. — FLAMET jeune, fabricant de bretelles du roi, 87, rue Saint-Martin, au coin de celle de Rambuteau.

Seul inventeur et fabricant des bas élastiques en caoutchouc, sans couture, ni œillet, ni lacet, pour combattre l'engorgement et les varices des membres inférieurs. Cette industrie a été fondée par Flamet jeune en 1836, et est la seule qui soit brevetée d'invention et de perfectionnement (sans garantie du gouvernement) et qui ait obtenu une médaille à l'exposition nationale de 1844.

Ses bas sont généralement ordonnés par nos plus célèbres médecins et chirurgiens.

Fabrique de bretelles sans coutures qui ont obtenu les médailles aux expositions nationales de 1834 et 1839, à celle d'Alençon de 1842 et de l'Académie de l'industrie en 1836, 1837 et 1840.

91. — ÉTARD, layetier-emballeur, fabricant breveté pour les *boîtes Etard perfectionnées*, à Paris, rue du Petit-Reposoir, 6, près la place des Victoires.

Les BOITES ETARD PERFECTIONNÉES qui sont exposées cette année à l'Orangerie, tout en n'étant pas d'un prix plus élevé que celui des anciennes, ont l'avantage de répondre à toutes les exigences d'un bon emballage ; elles remplacent, pour les dames qui vont en voyage, l'emballeur, qu'elles ne trouvent pas toujours fort habile en province, et permettent à la main la moins exercée de faire sur-le-champ un emballage parfait. Depuis quelque temps il s'est mis aussi à fabriquer un nouveau genre de souricière dont on est généralement très satisfait.

92. — LEROY et Compagnie, mécaniciens, fabricants d'APPAREILS HYDRAULIQUES, à Paris, rue Notre-Dame-de-Nazareth, 8.

Brevetés sans garantie du gouvernement.
Ils fabriquent des siéges inodores, des toilettes et bidets hydrauliques, des lavabos à l'usage des pensionnats et de MM. les coiffeurs. Il a reçu une médaille de bronze à l'exposition nationale de 1844.
Les magasins et ateliers sont rue Notre-Dame-de-Nazareth, 8.

93. — LABRUGUIÈRE, coiffeur-parfumeur, successeur de Mailly, rue Saint-Martin, 149, au premier.

Il confectionne particulièrement et en gros des perruques et nouveaux toupets pour hommes, des cachefolies et *demi-perruques* pour dames, imitant parfaitement la nature. Cette maison est la seule où se fabrique l'*eau Labruguière* pour teindre les cheveux à la minute, sans le moindre danger ;
La *moelle de chameau* et la *graisse d'ours*, pour arrêter la chute des cheveux et les faire croître en peu de jours, ainsi que le *savon Labruguière* pour adoucir la barbe et faciliter l'action du rasoir.
Seul salon musical pour la teinture des cheveux.
Il fait des envois en province et à l'étranger.

94. — THIERRY - SAFFROY, fabricant de *sommiers élastiques* et de *lits en fer*, breveté sans garantie du gouvernement, à l'ancienne maison de la *Croix-d'Honneur*, rue Montmartre, 133, et dépôt rue Neuve-Saint-Augustin, 15 bis, près le passage Choiseuil, à Paris.

Cette maison, la première qui ait importé d'Allemagne en France les sommiers élastiques, fabrique en grand cet article, ainsi que les lits en fer, dont on trouve toujours dans ses magasins de nombreux assortiments, et dont la bonne qualité lui a mérité des mentions honorables aux expositions nationales.

95. — BOULANGER, fabricant de CIRAGES, à Paris, rue du Bac, 73.

Expose cette année un cirage vernis pour bottes et souliers; il est de la plus grande beauté et d'un brillant extraordinaire. Ce vernis convient également pour la chaussure des dames; il rend au maroquin son état primitif. Il expose aussi son cirage anglais superfin et inimitable par son lustre et son noir éclatant.

96. — MALLEZ, fabricant de bonneterie, à Lille, département du Nord.

Cette fabrique fut établie en 1837 dans le but de donner un nouvel essor à l'industrie bonnetière et de faire une sérieuse concurrence aux produits fabriqués en Angleterre et en Allemagne. Aidé d'ouvriers d'élite et ouvrier lui-même, M. Mallez est parvenu en peu d'années seulement à atteindre et même à dépasser ce but, car ses produits obtiennent la préférence sur les plus beaux articles du même genre d'Allemagne et d'Angleterre. Aussi a-il été honoré d'une médaille de bronze à Saint-Omer et à l'exposition nationale de 1844, et d'une médaille d'argent de première classe à Boulogne.

Il expose les articles qui suivent :
8 burnous d'enfants, différents genres, et prix sur étiquettes. — 10 pièces d'étoffes tricot. — 6 paires de chaussettes de fantaisie. — 12 paires de brodequins d'enfants, différents genres. — 12 robes d'enfants, différents dessins. — 12 cravates d'hommes, différents dessins. — 12 paires de bas et chaussettes. — 6 bonnets d'enfants. — 30 articles de fantaisie pour enfants, en tricot à l'aiguille et au métier. — 12 paires de guêtres d'enfants, différents prix et dessins assortis. — 1 pantalon de flanelle en laine mérinos. — 1 jupon guilloché sur un métier rond, sans couture, laine anglaise. — 1 gilet de flanelle, dos de chasseur, laine mérinos. — 1 gilet en laine alpaga. — 1 paire de bas et chaussettes en vigogne.

97. — BOURG, fabricant breveté de GARDE-RO-BES, à Paris, boulevart Beaumarchais, 19.

Expose un appareil départiteur, breveté de son invention. Cet appareil offre à MM. les propriétaires un avantage considérable dans ce sens qu'il sépare les matières liquides de celles solides. D'après un compte-rendu, il en résulte que les fosses, qui sont habituellement vidées tous les dix ans, ne le seront que tous les six. Fabrique aussi les garde-robes hydrauliques tournant des deux côtés (robinet séparé), appareils-soupape-couteau, fermeture hermétique, contenant autant d'eau qu'on désire en mettre. Ces appareils, tels qu'ils sont perfectionnés, lui ont mérité plusieurs médailles de l'Académie de l'industrie et des expositions de 1839 et 1844.

Il tient une fabrique spéciale de garde-robes en tout genre, siéges portatifs, appareils bascule, appareils en fonte montés en cuivre, cuvettes émaillées et cuvettes à eaux ménagères.

Tous les travaux de la fabrique de M. Bourg sont garantis.

98. — GIROUX, GALERIE MONTMARTRE (*passage des Panoramas*), fabrique de chocolat hygiénique et rafraîchissant à la châtaigne, de féculine, de café-chataigne et de café de glands doux d'Espagne.

La maison Giroux, si bien appréciée depuis plus de quinze ans en France et à l'étranger, a, dans ces derniers temps, ramené ses produits à un tel état de perfection, que toutes les maisons rivales ont bien vite compris qu'il fallait renoncer à une concurrence impossible. Nous ne craignons donc pas d'affirmer que là seulement se trouvent les substances hygiéniques alimentaires qui répondent le mieux aux besoins de l'homme en état de santé ou en état de maladie. Aussi les médecins les plus recommandables, qui l'ont prise sous leur patronage, se félicitent-ils des progrès rapides qu'ils font faire chaque jour à l'hygiène publique. Et comment en serait-il autrement, puisque M. Giroux s'est toujours appliqué à ramener ses produits à l'état de pureté primitive, ou à substituer à des éléments inertes et souvent nuisibles des éléments sains et d'une efficacité incontestable.

Mais, en même temps que M. Giroux pensait aux qualités solides, il ne négligeait aucun moyen de rendre ses produits le plus agréables possible. Aussi tous les consommateurs trouvent-ils qu'il est bien peu pénible de se maintenir en bon état de santé habituelle à l'aide du délicieux *chocolat à la châtaigne*, de la *féculine*, du *café châtaigne* et du *café de glands doux d'Espagne*.

Nous concluons donc que M. Giroux mérite des éloges pour

avoir substitué une *farine cuite, saine et savoureuse,* aux fécules *crues et indigestes* qu'on incorpore dans les chocolats ordinaires, et pour avoir amené tous ses autres produits à cet état de pureté qui est la meilleure garantie pour les familles.

Prix : Chocolat Giroux hygiénique et rafraîchissant à la châtaigne, le 1|2 kilo. . . . . 2 fr. et au dessus.

Féculine pour les adultes, le flacon. 2 »
Pour les enfants en sevrage. . . . . 2 »
Café châtaigne . . . . 1 »
Café de glands doux d'Espagne. . . . 1 » 20   et 1 fr. 50 c.

99. — PRÉVEL, teinture et *nettoyage de chapeaux*, à Paris, rue Neuve-des-Petits-Champs, 41, près celle Sainte-Anne, au premier.

M. Prével vient d'avoir l'heureuse idée d'offrir aux dames une *économie réelle* en se mettant à NETTOYER LES CHAPEAUX ET CAPOTES de dames en soie, velours, peluche ou paille, et à les leur rendre, pour un prix très modéré, tout remontés aux formes les plus nouvelles et avec la fraîcheur primitive de leur couleur. Il tient aussi la GELÉE D'AMANDE de son invention, si commode pour *nettoyer soi-même les gants glacés* sans les mouiller ni les tacher.

100. — JOURDAIN, magasin de comestibles, rue Neuve-des-Petits-Champs, 52, au coin de celle Gaillon, à Paris.

Admis à l'exposition nationale des produits de l'industrie en 1844. Spécialité pour les conserves de fruits, pour compotes, confitures et fruits glacés.

101. — SANDERS, fabricant breveté de fontaines à thé, à Paris, rue Soly, 13, quartier du Mail.

Il expose des fontaines à thé dites *fontaines* SANDERS, de son invention ; elles sont perfectionnées de manière à faire bouillir l'eau avec économie de temps, soit avec des charbons allumés, soit avec de l'esprit-de-vin, soit même simplement avec un fer rougi au feu, et elles réunissent pour l'usage la propreté, l'écomie et l'utilité.

M. Sanders fabrique en outre tous les articles qui concernent son état, tant ceux à bas prix que les modèles les plus riches, les plus nouveaux, et décorés d'ornements relevés et ciselés.

102. — LUET, fabricant de meubles de salon, rue du Faubourg-Saint-Denis, 67, cour des Pe-

tes-Écuries, 8, ci-devant Faubourg-Saint-Denis, 71.

Mention honorable à l'exposition nationale de 1844.

Fabrique et magasins de siéges en tous genres, fauteuils, chaises, canapés, tête-à-tête, chaises longues, confidents, divans, consoles, tables Louis XV pour salons, galeries de croisées, et toutes sortes de siéges de fantaisie.

Cette maison, une des plus anciennes et des mieux assorties en tous genres, a su, par le bon goût et le soin apporté à ses produits, s'attacher une clientèle d'élite qui ne peut que s'augmenter en continuant à créer des nouveautés dont le style et la pureté d'exécution ne laissent rien à désirer.

103. —BRY (Auguste), imprimeur lithographe, rue du Bac, 134, à Paris.

Honoré d'une grande médaille d'or (PRÆMIA DIGNO) de S. M. l'empereur de Russie. Médaille de bronze à l'exposition de 184 .

Lithographe des princes A. de Demidoff, Galitzin, Sottykoff.

Expose des lithographies au crayon, au lavis, à l'estompe avec teinte et à l'aquarelle, par MM. Charlet, Raffet, Valerio, Hubert, Jacottet, L. Pelletier, etc., toutes imprimées par ses soins dans ses ateliers.

104. —FÈVRE (D.), fabricant de *poudres gazeuses*, à Paris, rue Saint-Honoré, 398, au 1ᵉʳ.

Fabrique et expose 1° *la poudre D. Fèvre*, pour faire à l'instant eau de Seltz, limonade gazeuse, vin de Champagne, à 1 fr. les 20 bouteilles; 2° *la poudre pour limonade gazeuse sans citron*, à 1 fr. 50 c.

Un jugement du tribunal de la Seine vient de reconnaître, après la discussion du rapport de deux célèbres médecins, que l'eau de Seltz produite en jetant la poudre D. Fèvre dans une bouteille ordinaire est une *boisson d'agrément*, hygiénique et digestive, et non pas un *remède* réservé au monopole des pharmaciens, quelles qu'en soient les vertus.

105. —BINARD (Charles-Emmanuel), professeur de CALLIGRAPHIE, rue Castex, 9, près l'Arsenal, à Paris.

Auteur de nombreux tableaux calligraphiques qui lui ont valu plusieurs médailles d'honneur, M. Binard expose :

1° La NAISSANCE D'HENRI IV, grande composition entièrement à la plume, le premier tableau d'écriture auquel on ait eu l'idée d'adapter une horloge-musique ;

2° Un trompe-l'œil dont le fond représente et imite une tapisserie sur laquelle sont exécutés plusieurs objets tant à la plume qu'à l'aquarelle.

3° On peut remarquer dans la même galerie une carte d'Europe faite, sous la direction de Mmes Guesnier et Rignolet, par les élèves de leur pensionnat, lesquelles ont été guidées, pour l'écriture, par M. Binard, et sont en outre les auteurs d'un tableau d'écritures variées.

M. Binard expose en outre :

4° Le grand Condé, tableau à la plume par le jeune Jacoulet (Amédée), âgé de quatorze ans et demi, élève de M. Binard ;

5° Enfin la CONVERSATION, aussi à la plume, par le jeune Victor Nelhig, âgé de quatorze ans, autre élève de M. Binard.

106. — POINSARD frères, fabricants de chaises et prie-Dieu, à Paris, rue Saint-Louis, 24, au Marais.

Fabriquent et exposent divers échantillons des meubles dont on trouve toujours un assortiment complet dans leurs magasins, tels que fauteuils et chaises tournées, dorées ou laquées, prie-Dieu, écrans, étagères volantes, et autres petits meubles de fantaisie.

107. — BAUCHET-VERLINDE, papetier, à Lille, département du Nord.

Fabrique et expose des registres confectionnés chez lui d'après un nouveau système et offrant de véritables avantages par leur solidité.

108. — DORÉMUS et ENFER, fabricants de SOUFFLETS DE FORGES, brevetés sans garantie du gouvernement, rue de Malte, 32, à Paris.

Exposent des soufflets circulaires de l'invention Enfer. Ces soufflets, adoptés aujourd'hui dans une foule d'ateliers, sont recherchés à cause de leur puissance et du peu de place qu'ils occupent.

109. — VERSTAEN, serrurier fabricant de COFFRES-FORTS, rue Beaujolais, 6, au Marais.

Expose une caisse coffre-fort doublée eu fer battu, avec serrure incrochetable, combinaison sans point d'appui, et dont le mot se change à volonté sans démonter la combinaison ; mécanisme d'un nouveau modèle. De plus, il y a à l'intérieur de la caisse deux tiroirs en fer dits *serre-papiers*, incombustibles, de son invention, fermant à secret. Ce coffre, très riche et très perfectionné, offre la même solidité que celui qu'on remarquait à l'exposition nationale de 1844. Il mérite en conséquence de lui attirer de plus en plus la faveur et la confiance de MM. les banquiers, notaires et commerçants, ainsi que celle de toutes les personnes forcées de conserver chez elle de l'argent ou des objets précieux.

Serrure pour appartement, nouveau modèle, 22 à 25 fr.

Serrure incrochetable, 22 à 25 fr.

110. — JEUNESSE, *cordonnier-bottier* breveté d'invention sans garantie du gouvernement, rue du Faubourg-Saint-Denis, 144, à Paris.

Fabrique et expose des guêtres et **BRODEQUINS-BOTTES** *sans avoir subi le travail du cambrage*, sans être cambrés, avec semelles à coutures métalliques, indécomposables et subissant toute espèce de réparations.

Ce nouveau système de coupe, qui est applicable à toutes les chaussures à tiges, telles que guêtres et bottes, laisse le cuir dans son état naturel sans en altérer en rien la qualité, ce qui augmente beaucoup la durée de la chaussure, tout en diminuant considérablement son prix.

111. — FICHET (Alexandre), serrurier-mécanicien, breveté d'invention, et de *LL. AA. RR. le duc et la duchesse d'Orléans*, à Paris, rue Richelieu, 77, et à Lyon, rue du Concert, en face le pont Lafayette.

Il est infatigable pour opposer chaque jour aux malfaiteurs de nouveaux moyens propres à dérouter leur trop malheureuse habileté ; chaque jour aussi ses travaux, tous dirigés dans un but d'être utile à la société, obtiennent de véritables succès ; et, pour mettre en garde contre les vols ou les infidélités, il offre de signaler les moyens vicieux que les fermetures peuvent avoir, ainsi que toutes les issues par où les malfaiteurs peuvent pénétrer de l'extérieur à l'intérieur. Il entreprend aussi la solution de tout problème relatif à son état ; il fabrique des caisses et coffres-forts fermés avec des serrures et combinaisons de son invention. Il reste responsable de la marche de ses ouvrages pendant dix ans, et en prend l'engagement par sa facture.

Les coffres qu'il fabrique depuis quelques mois offrent le nouvel avantage que le dos et les deux côtés de la caisse sont d'un seul morceau pris dans une tôle de 4 millimètres, ce qui présente la plus grande sécurité.

112. — NOCUS, fabricant de *cristaux filigranés*, rue du Rendez-vous, 50, hors la barrière du Trône, et dépôt à Paris, rue Quincampoix, 49.

Fabrique et expose des CRISTAUX FILIGRANÉS et *torcinés*, des *émaux* de toutes les couleurs, des *imitations de pierres fines*, du *flint-glass* et du *crown* pour l'optique, du *cristal doublé* et tout ce qui a rapport à la vitrification.

113. — CHARBONNIER, fabricant de crémones ou espagnolettes, breveté sans garantie du gouvernement, à Paris, rue des Francs-Bourgeois, 6.

Nouvelles espagnolettes dites Crémones, s'adaptant aux croisées, persiennes, portes, volets, etc.

Ce système, entièrement différent de tout ce qui a été fait jusque alors en ce genre, se recommande par la simplicité de son mécanisme, sa solidité, et la douceur de son jeu. Il est le seul qui puisse remédier d'une manière convenable au gauchissement des bois, et qui, par une heureuse et nouvelle combinaison, offre le moyen infaillible de pouvoir toujours faire fermer par le haut la croisée ou la porte la plus déjetée. Il a été adopté par MM. les architectes de l'Hôtel-de-ville de Paris et employé aux croisées des appartements de M. le préfet de la Seine.

114. — BAVOUX, lampiste, breveté d'invention sans garantie du gouvernement, rue du Marché-Saint-Honoré, 5, à Paris.

Fabrique de nouvelles lampes jumelles à tringle et à deux becs, ainsi que les lampes siphoïdes, qui, n'étant pas sujettes à perdre l'huile et pouvant remplacer les plus fortes chandelles, sont très commodes : à tringles pour le service stationnaire habituel ; et à pieds pour servir de bougeoirs et porter à la main sans qu'on ait à craindre de répandre de l'huile en les inclinant, pour éclairer en guise de lampes d'applique, et pour l'éclairage des casiers d'imprimerie et des autres industries où l'on est obligé de rapprocher la lumière le plus près possible de l'ouvrage. Elles offrent

30 pour 0¡0 d'économie et peuvent en outre au besoin avoir leur feu diminué au point de pouvoir remplacer les veilleuses sans brûler une plus grande quantité d'huile.

Il tient aussi toutes sortes de lampes, fait la ferblanterie et le nettoyage des lampes mécaniques.

115. — DOYEN, serrurier breveté sans garantie du gouvernement, à Paris, rue Saint-Guillaume, 5, faubourg Saint-Germain.

Fabrique et expose : 1° des serrures nouvelles à gorges marchant de quatre côtés différents, avec une clef divisée en trois parties ; 2° des serrures à gorges mobiles et à revers ; des verrous de sûreté du même système. Ces serrures sont garanties contre toutes fausses clefs et crochets. Il présente aussi des mouvements de sonnettes sans saillies ni entailles, qui ont l'avantage de ne pas détériorer les endroits où ils sont placés.

Les verrous de sûreté, dont les prix sont très modérés, sont à l'abri de l'adresse des malfaiteurs et ne le cèdent qu'à la bonté du système de ses serrures de sûreté à gorges, dans lesquelles on remarque de nouvelles gorges qui sont appelées en contre-bas par le panneton, en même temps qu'il soulève les anciennes comme d'habitude.

116. — FAURE, fabricant de fauteuils, rue du Faubourg-Saint-Denis, 14, à Paris, 2e cour, f. 6 et 19.

Se livre à la fabrication toute spéciale des fauteuils pour meubles de salon, genre gothique, renaissance, rocaille et moderne. On trouve chez lui un assortiment complet de fauteuils en bois doré, style Louis XV, avec ornements en cuivre ciselé et doré, ainsi que des fauteuils et chaises en bois divers pour chambre à coucher, cabinets et salles à manger.

117. — CHOUILLY, successeur de M. Bonnot, fabricant de *papiers peints*, rue Neuve-Saint-Paul-Saint-Antoine, 9.

Cette fabrique de papiers peints, qui a déjà obtenu une médaille d'argent de l'Académie de l'industrie, et une médaille de bronze à l'exposition nationale de 1839, prend chaque jour plus d'extension ; elle se distingue surtout par ses imitations de bois, marbre et agate. Les modèles qu'elle expose cette année indiquent assez toute la supériorité qu'elle a su atteindre dans cette spécialité; ses procédés de fabrication lui permettent de donner ses produits à des prix très modérés.

118.—MOUSSIER-FIÈVRE, fabricant de l'alliage appelé MINOFOR, rue des Fossés-Montmartre, 27, à Paris.

Fabrique et expose tout le service de table en MINOFOR, métal blanc, sain et sonore, sans cuivre, imitant parfaitement l'argent et ne demandant pas plus d'entretien que l'argenterie.

La qualité de ce métal permet de faire au marteau et à l'estampe des soupières, des théières, des cloches et réchauds, porte-huiliers, flambeaux, etc. Il se dore au vermeil, et son prix modéré le met à la portée de tout le monde : ainsi celui des couverts unis est de 2 fr., et celui des couverts à filet, de 2 fr. 25 c.; les cuillères à café, de 4 à 5 fr. la douzaine. Les pièces sortant des ateliers sont estampillées au nom *Minofor* et *M. F. A.*, et il est à remarquer que les produits de cette fabrique coûtent, matière et façon, moitié moins cher que la façon de l'argenterie.

M. Moussier-Fièvre fabrique aussi les nouveaux instruments inventés par M. le docteur Saintard, savoir :

1° Un SPÉCULO-POMPE, instrument qui remplace avec avantage le spéculum ordinaire dans le traitement des maladies de l'utérus, et qui est employé dans un bien plus grand nombre de cas.

2° Un FLUIDUC-AUTOGRADE, instrument qui fonctionne seul et sans mécanisme, jouissant d'une supériorité incontestable sur tout ce qui a été inventé jusqu'à ce jour, pour douches, injections, lavements, etc. Cet instrument sera surtout apprécié par les malades, qui n'auront plus besoin désormais de se déplacer, ni d'avoir recours à des mains étrangères.

119. — NOEL, fabricant de PEIGNES D'IVOIRE et de BILLES DE BILLARD, rue de Lancry, 33, à Paris.

On doit à ce fabricant l'invention d'un tour de précision qui permet de faire les billes de billard d'une justesse toujours parfaite. Il a imaginé aussi des mécaniques qui non seulement lui permettent de faire dans ses ateliers, avec la seule force d'un cheval, des milliers de peignes d'ivoire par jour, mais lui fournissent des peignes dont les dents et la pointe, étant évidées, offrent, même dans les numéros les plus fins, des avantages qu'on ne rencontre pas dans ceux les mieux faits qui nous viennent d'Angleterre.

120. — HILDEBRAND, fondeur de CLOCHES, rue Saint-Martin, 202, à Paris.

Honoré de médailles diverses aux expositions nationales de

1823, 27, 34, 39 et 1844, il expose cette année les produits suivants, tous sortis de sa fabrique :

1º Un petit modèle de cloche, avec sa monture et son beffroi,
prêt à fonctionner. Son but, en soumettant cet échantillon au public, est de démontrer les perfectionnements qu'il a apportés dans
cette industrie, toute spéciale tant sous le rapport de la fonte et
de l'harmonie que sous le rapport des améliorations qu'il a fait
subir à l'ancien système de montage.

2º Plusieurs modèles de sonnettes de table, de formes différentes, polis et bronzés par un nouveau procédé.

3º Plusieurs octaves ou gammes chromatiques de timbres à
l'usage des orchestres, théâtres, etc., etc.

121. — WINTERNITZ, *ébéniste*, fabricant de
MEUBLES genre de BOULE, à Paris, rue Vieille-du-
Temple, 72.

Cet habile ébéniste se livre surtout à la fabrication des meubles dans le genre des vieux meubles de Boule. La grâce et la
bonne exécution avec lesquelles ils sont toujours confectionnés
méritent de les faire honorablement remarquer.

122. — MAYENNE, chirurgien-dentiste de la
Faculté de Paris, rue du Petit-Carreau, 2, vis-à-
vis la rue du Cadran.

Expose un tableau mécanique représentant deux personnages
qui montrent leur bouche tour à tour, garnie ou dégarnie de
toutes ou de quelques unes de ses dents.

Inventeur d'instruments particuliers que les observations de
vingt ans d'expérience lui ont suggérés, M. Mayenne est arrivé à
pouvoir extraire aisément et sans risque du moindre accident les
dents les plus difficiles, telles que les dernières molaires et les racines complétement découronnées et plus ou moins recouvertes
par les gencives.

Cependant, s'il reste encore quelques ressources, M. Mayenne
peut, au moyen d'un baume curatif de son invention, faire cesser instantanément les douleurs les plus violentes des dents ca-
riées que l'on désire conserver, et par ce moyen il arrête les progrès de la carie et reconsolide les dents les plus chancelantes.

Il pose et confectionne lui-même les dents artificielles, et adapte
dans la bouche une ou plusieurs dents avec tant de perfection,
qu'on ne peut les distinguer des naturelles, et qu'elles facilitent
même la prononciation et la mastication.

3.

123. — TANGRE (Constant), rue Saint-Maur-du-Temple, 47, à Paris.

Manufacture spéciale de tissus métalliques en fer et laiton de toutes grosseurs et finesses, depuis 1 fr. 60 c. jusqu'à 40 fr. le mètre carré, cribles, tamis, blutoirs en tous genres, etc.

Il est inutile de donner ici l'énumération de l'emploi des toiles métalliques, car leur utilité est bien connue dans presque toutes les usines, manufactures et fabriques.

L'établissement de M. Constant Tangre est sans contredit un de ceux qui sont le plus en état de répondre aux besoins du commerce, tant en raison de son outillage complet, qu'à cause des perfectionnements qu'il a introduits dans ses métiers. Par ce moyen, il peut fournir ses marchandises en première qualité et à des prix très bas ; aussi de jour en jour l'établissement prend-il plus d'extension.

Les tissus qui figurent à l'exposition sont :

Une touraille de brasserie.

Une courroie mixte métallique.

Ces deux objets sont inventés par Constant Tangre.

Une toile fer étamé, des toiles en fer pour nettoyer les grains, une toile laiton à féculerie, une toile laiton extrafine, une toile fer extraforte pour lampes de mine, et plusieurs autres toiles de divers numéros.

Ces tissus métalliques sont, sous le rapport de la durée et de la régularité, de beaucoup préférables aux toiles de soie.

124. — GOEBEL (Charles), breveté, sans garantie du gouvernement, pour les CAVES A LIQUEURS formant table et plateau, à Paris, rue Michel-le-Comte, 3.

Fabrique de nécessaires de toilette pour dame et pour homme, boîtes à ouvrages, à gants, à thé, à cigares, à cachemires, papeteries, pupitres, corbeilles de mariage, tables à ouvrage, objets de fantaisie, d'art et de goût.

Caves à liqueurs formant plateau, et petits meubles avec porte-liqueurs. Ce petit meuble, de forme gracieuse, et par la commodité qu'il joint à la simplicité, est devenu indispensable, et justifie les médailles de bronze et d'argent qu'il a reçues en 1843 et 1844.

125. — CLACHET, *lampiste*, breveté, fournisseur de l'administration générale des postes, à Paris, rue Dauphine, 7.

Ce fabricant est l'inventeur d'un nouveau système de becs ayant le grand avantage d'éclair comme les lampes Carcel, en laissant 15^{mm}. de mèche blanche, ne charbonnant jamais, et lui permettant de fabriquer des lampes de travail et d'escalier d'un très bas prix, donnant la lumière de quatre chandelles, et brûlant à blanc, tout en ne consommant que 12 gram. d'huile par heure.

M. Clachet fabrique aussi des lampes façon Carcel ou mécaniques, dont le mouvement a été simplifié en lui donnant plus de force.

Il fabrique également plusieurs genres d'appareils économiques à l'esprit-de-vin.

On trouve aussi dans ses magasins diverses espèces de lampes à hydrogène liquide, toutes provenant de sa fabrique.

126. — GEORGER, distillateur et parfumeur, boulevart Montmartre, 10, en face le passage des Panoramas, à Paris.

Trois articles spéciaux pour la toilette.

1° L'eau de Georger (dite eau française) à l'usage de la toilette et du mouchoir, supérieure à l'eau dite de Cologne en ce que, n'étant composée que d'une seule essence, elle n'a pas l'inconvénient de se dénaturer.

2° et 3° L'eau et la poudre de Florence pour l'entretien et la conservation des dents, réunissant à elles deux la faculté de les blanchir en raffermissant les gencives.

Nota. Ces deux dentifrices sont peut-être les seuls exempts d'acides et dont on puisse se servir tous les jours.

Nécessaire complet contenant les trois articles ci-dessus mentionnés, avec une brosse à dents de Paris garantie (25 p. 100 d'économie). Prix : 5 fr.

127. — DUVAL, ingénieur mécanicien, à Paris, rue Corbeau, 14, faubourg du Temple.

Se livre à la construction de tous les genres de machines employées dans les arts et l'industrie; atelier spécial pour la construction des **MACHINES A VAPEUR, MOULINS, ROUES HYDRAULIQUES, GROS MOUVEMENTS**, etc.; ateliers particuliers pour la construction des **MODÈLES** de tous genres et de tous systèmes propres à la démonstration. Exécute d'après plans, projets ou idées.

128. — DORLÉANS, horloger-mécanicien, à Paris, rue du Faubourg-du-Temple, 110.

Admis à l'exposition nationale de 1844, et ayant été honoré

d'une médaille à celle d'Orléans. Il fabrique et expose des horloges pour églises, châteaux et manufactures.

Il tient aussi les tournebroches à ressort et à poids, et diverses pièces mécaniques.

129.—GUESNIER et RIGNOLET (les ÉLÈVES du *pensionnat de demoiselles de* Mesdames), à Paris, rue Charlot, 14, au Marais.

Exposent cette année :

Une CARTE D'EUROPE entièrement exécutée à la main par les élèves du pensionnat, et sous la direction de Mmes GUESNIER et RIGNOLET.

Cette carte est la troisième, faite par les élèves de cette maison, admise à cette exposition ; et les précédentes ont été honorées d'une récompense de l'Académie de l'industrie.

130. — ROYER, fleuriste naturel et artificiel, boulevart Montmartre, en face la rue Neuve-Vivienne.

Tient un assortiment de lustres de salons et de jardins en terre cuite, vases, pots avec ornements, cache-pots, étagères et jardinière :

Coiffures, parures, bouquets de main , de corsage, pour fêtes, bals et soirées; location de lustres, plantes, etc., pour cérémonies.

Médaille d'argent de la Société royale d'horticulture.

Envois dans la France et à l'étranger.

131. — TISSIER (A.), ingénieur-professeur, DIRECTEUR de *l'École des Beaux-Arts et Arts industriels,* rue de Lancry, 4.

On y forme des élèves ingénieurs pour les constructions de chemins de fer, etc., architectes, artistes, etc., et on y prépare en dessin et en mathématiques aux écoles polytechnique, centrale, des beaux-arts, de Châlons, aux ponts et chaussées, etc.

132.—CHARBONNIER-ADELBERT, *peintre* PANACHEUR, à Paris, rue du Ponceau, 46.

Inventeur et apprêteur de *l'étoffe* MATE pour le feuillage artificiel, imitant la feuille naturelle, telle que celle des rosiers, geranium, violettes, primevères, roses trémières, pensées.

Il fait la peinture de la panachure sur toutes les étoffes et veours.

133. — PETIT (Adrien), inventeur des CLYSO-POMPES perfectioñnés et à jet continu et aussi des pompes de jardin approuvées par la Société royale d'horticulture, à Paris, rue de la Cité, 19, au coin de celle Constantine.

Nouvelle médaille à l'exposition nationale de 1844.

Ces instruments continuent de jouir de la faveur qu'on leur accorde sur tous les instruments de ce genre par leur bonne confection et la solidité de leurs tubes, les seuls résistant à l'emploi des corps gras et mucilagineux.

Expédition aux colonies et à l'étranger.

134. — RAPHANEL, fabricant de couleurs et vernis, rue Neuve-Saint-Méry, 9.

Breveté, sans garantie du gouvernement, pour le

SICCATIF BRILLANT

Pour la mise en couleur des appartements, carreaux et parquets SANS FROTTAGE.

Cette préparation, la seule reconnue très solides, est d'une odeur agréable; elle a l'immense avantage de n'avoir pas besoin d'être frottée, de sécher en deux heures en toute saison, de durcir en veillissant, et d'être du plus beau brillant, sans avoir l'inconvénient de faire glisser comme la cire.

Il y a du *rouge*, du *jaune*, *couleur noyer*, pour carreaux et parquets, du *transparent* pour parquets neufs, du *noir et du vert* pour ferrures et boiseries. Cette peinture s'emploie à l'intérieur comme à l'extérieur, et remplace avec succès la couleur à l'huile; elle a sur cette dernière l'avantage de porter son vernis et d'être sans odeur.

Manière de s'en servir selon le procédé Raphanel.

Toute personne peut l'employer : il faut que le carreau ou parquet soit nettoyé et très sec; s'il y a de la cire ou de la mauvaise peinture à la colle, l'enlever, puis remuer fortement le vase dans lequel la couleur est contenue; ensuite, sans y rien ajouter, l'étendre avec un pinceau propre et sec, comme une peinture ordinaire. — Au bout d'une heure on peut passer la deuxième couche, qui est indispensable pour obtenir le brillant et la solidité, et deux heures après rentrer dans la pièce, toutefois en ménageant le frottement pendant quelques jours, afin de lui donner le temps de durcir.

Lorsque le carreau ou parquet deviendra sale, on lavera avec une éponge, on laissera sécher, puis on essuiera la poussière avec un chiffon, et le brillant reparaîtra. Dans les endroits qui fatiguent le plus, il faut passer un chiffon de laine imbibé de *très peu* d'huile de lin ou un peu d'encaustique ou de cire avec une brosse.

PRIX : 5 FR. LE KILO,
Qui suffit pour six mètres superficiels à deux couches.

S'il en reste, il faut tenir le vase qui le contient *bien bouché*, afin d'éviter l'évaporation et pouvoir s'en servir au besoin pour raccords. Il y a des vases depuis 1 *kilog. jusqu'à cent et plus*. On ne peut se servir que d'esprit-de-vin peur nettoyer le pinceau.

On se charge de la mise en couleur, garantie, à raison de *soixante-quinze centimes* le mètre carré à deux couches, couleur comprise.

Nota. — Encouragé par un succès de plusieurs années, M. Raphanel a dû donner tous ses soins à l'amélioration de ce produit. Sa supériorité lui a valu la préférence dans l'emploi qu'en font plusieurs grands établissements de la capitale.

155.—POTEL, fabrique de BIJOUTERIE de DEUIL, à Paris, rue Beaubourg, 50.

Admis à l'exposition de 1844.
Il fabrique la *bijouterie de deuil*. Il est l'inventeur d'un nouveau système de solidité pour la monture du jais.
On trouve dans ses magasins tous les articles de coiffure et de fantaisie pour l'intérieur et l'exportation.

156.—BRIET, fabricant d'orfévrerie plaquée et inventeur breveté de *l'appareil gazogène portatif*, à Paris, rue Notre-Dame-de-Nazareth, 29.

L'appareil appelé *gazogène portatif*, inventé par M. Briet, a reçu depuis deux ans de grandes améliorations et de grands perfectionnements : son volume n'est que du double d'une bouteille, et il est destiné à fabriquer instantanément de l'eau de Seltz, du vin gazeux, de la limonade gazeuse, tout en chargeant les liquides de gaz pur et sans aucun mélange d'acide.
M. Briet fabrique en outre toute l'orfévrerie plaquée.

157. — BLANC (J.-H.), fabricant de PARAPLUIES, breveté sans garantie du gouvernement, à Paris, passage des Panoramas, grande galerie, 7, près le boulevart.

Fabrique et expose des **PARAPLUIES** *s'ouvrant seuls*, solides et commodes;

Des cannes à parapluies, les seules dont le parapluie se ferme sur la canne et dont la grosseur est du diamètre d'une pièce d'*un franc.*

Ombrelles Pavolines et Pompadour en étoffes riches et de formes élégantes.

138. — SAVARY, fabricant de *stores transparents*, à Paris, rue du Roule, 1 et 5.

Fabrique des stores transparents, peints et imprimés dans ses ateliers, ayant le double avantage de *ne pas s'écailler au frottement* et de pouvoir se nettoyer, ce qui tient à l'apprêt particulier dont il fait usage, et les rend d'un service beaucoup plus commode dans toutes les habitations.

Expose un *store* représentant des vitraux d'église avec sujets religieux, et un paysage.

139. — MARSUZI DE AGUIRRE (M.-C.), fabricant breveté de *chanvre imperméable*, rue Royale-Saint-Honoré, 4; dépôt central boulevart Saint-Martin, 57, à Paris.

Les ornements d'architecture en *chanvre imperméable* présentent une pureté de contours et de détails qu'on avait jusqu'à ce jour désirée sans pouvoir l'obtenir. Ils peuvent s'appliquer à l'extérieur comme à l'intérieur des maisons, car ils ne craignent ni la chaleur ni le froid, et n'ont rien à redouter de la fraîcheur des plâtres ni de l'humidité des endroits où ils seront placés. Doués d'une force de résistance extraordinaire, ils sont très propres à être employés dans les endroits exposés aux chocs et aux frottements, n'ayant aucune aspérité capable d'endommager les vêtements et les meubles. Leur pose est très rapide et plus facile que celle du carton-pâte, plâtre, etc., puisqu'elle ne nécessite aucune préparation ni ouvriers spéciaux. On peut sans peine les enlever sans les endommager, pour les reposer ailleurs, et les expédier facilement, à cause de leur légèreté et du peu d'espace qu'ils occupent relativement en les emboîtant les uns dans les autres. Ce sont là de grands avantages, auxquels il faut ajouter celui du bon marché, non moins précieux.

Les gens de l'art reconnaîtront comme une propriété inappréciable celle de pouvoir les décorer avant de les mettre en place, tant en raison de l'économie que de la promptitude avec laquelle il leur sera loisible d'orner les constructions et même les appartements habités.

Ces ornements sont également applicables aux *encadrements* des tableaux et des glaces, à la *menuiserie*, au *cartonnage*, à la *reliure* des livres, à *l'ébénisterie*, à *la tapisserie*, et à tout ce qui concerne *l'ameublement*.

Enfin on fabrique avec la même matière non seulement des feuilles hydrofuges pour *couverture de maisons*, *hangars*, etc., mais encore des *plaques* pour les *assurances*, l'*indication* des rues et le *numérotage* des maisons, ainsi que des *lettres en relief* et des objets d'art et de fantaisie.

140. — LAUDE jeune, fabricant de SOMMIERS ÉLASTIQUES, rue du Faubourg-Saint-Antoine, 11.

Ayant obtenu une médaille à l'exposition nationale de 1844, la seule décernée à cette exposition.

Expose : Un sommier élastique parisien perfectionné.
      Un   —   première qualité.
      Un   —   qualité ordinaire.

Tarif net sans remise.

Parisiens perfect. garnis en crin.	1re qualité, garnis en crin.	2e qualité, —	qualité ordin. —
1 lit de 65c. 80 f.	de 65c. 50 f.	de 65c. 35 f.	de 65c. 20 f.
de 81c. 85	de 81c. 55	de 81c. 40	de 31c. 25
de 98c. 90	de 98c. 60	de 98c. 45	de 98c. 30
de 114c. 95	de 114c. 65	de 114c. 50	de 114c. 35
de 130c. 100	de 130c. 70	de 130c. 55	de 130c. 40

Dito figurés doubles d'épaisseur, 10 fr. d'augmentation sur chaque.

Cette maison, une des plus anciennes et la plus connue pour sa spécialité, offre toutes les garanties desirables de bonne fabrication.

141. — MASSUE, fabricant de *peignes*, à Paris, rue Aumaire, 3 et 5.

Ce fabricant, auquel il a été décerné une médaille d'argent en 1841, continue à donner le plus grand degré de perfection possible aux peignes d'ivoire, et même à ceux de bois, comme le prouvent les divers articles exposés, et qui tous sont sortis de ses ateliers, dans lesquels ils sont fabriqués par des moyens mécaniques dont il est l'inventeur.

142. — ROJON, fabricant d'ÉMERI et *de couleur*, à Paris, rue de la Tannerie, 35.

Le nom de cet exposant est connu à Paris depuis 1814 pour sa bonne préparation de l'*émeri*, préparation à laquelle son père se livrait dès cette époque; il a créé un atelier pour le broyage des couleurs à l'eau et leur mise en trochisques, et pour la préparation de l'ÉMERI perfectionné. En 1837, ce fut lui qui monta, par des procédés qui lui appartiennent, les appareils à broyer les cou leurs à l'eau de la maison Lefranc frères, à Grenoble, machine qui travaille encore aujourd'hui. Les moyens employés par M. Rojon lui permettent de broyer les matières même les plus dures, sèches ou à l'eau. Il tient un assortiment complet de couleurs en pâte, en grains et en poudres impalpables; les substances pour le Daguerréotype; rouge, tripoli, ponce, émeri. M. Rojon fabrique aussi les papiers de verre et d'émeri purs, les noirs d'ivoire, d'os et de charbon; et il se charge de la calcination et du broyage à façon.

143. — ALBITÈS (Titus), graveur CAMÉISTE de S. A. R. Monsieur le prince de Joinville, à Paris, rue Coquillière, 31.

Graveur sur pierres fines, pierres douces, coquilles, coraux et malachite. Il fait tous les genres de camées, et spécialement le **PORTRAIT EN CAMÉE D'APRÈS NATURE.**

144. — MASSON aîné, FILATEUR à Roanne, département de la Loire.

Propriétaire de nombreuses filatures dans les départements de la Loire et du Rhône, il expose plusieurs échantillons de fils, tous fabriqués dans ses établissements.

145. — LEPAUL, serrurier-mécanicien, fournisseur de LL. MM. le roi, la reine, la famille royale et l'armée, rue de la Paix, 2, à Paris.

Fabrique et expose divers produits pareils à ceux confectionnés dans ses ateliers, savoir :
Deux **CAISSES COFFRES-FORTS**, nouveaux modèles, garnis de clous trempés et plantés dans le bois, pour empêcher l'ouverture par les fraises, les mèches et les points d'appuis; et serrure à double pompe perfectionnée.
Vingt modèles différents de **SERRURES.**
Huit   id.   id.   de **VERROUS** ronds et carrés.
Plusieurs **CACHE-ENTRÉES** de voyages à vis de rappel, à clavettes, et avec serrure à double pompe.
Un **BALANCIER-DÉCOUPOIR.**
Un **CRIC** à balancier, nouveau système de levier à double encliquetage.
Un **PORTE-CROCHET** à crémaillère et à roue d'encliquetage,

pour les maçons et les peintres, servant à accrocher les cordes à nœuds.

Un ROUET à dix-sept crochets pour faire les câbles de vaisseau.

Différentes pièces de serrurerie telles que des *clefs*, des *pênes ronds*, des *noyaux* et des *culots* en fer forgé et tourné.

146. — VIMORT - MAUX , manufacturier à Perpignan.

Fabrique sur une grande échelle tous les produits dont il expose des échantillons, savoir :

Cotons gros bleu, FILS n°ˢ 16, 20, 25, 30 et 35, tous garantis bon teint, au prix de 4 à 5 fr. 90 c.

TOILES A VOILES à trois fils, au prix de 1 fr. 50 c. le mètre avec chaîne en fil de chanvre, et trame en coton d'Amérique au lieu de coton du Levant. Ces toiles à voiles sont très recherchées par les capitaines de la marine marchande de la Méditerranée, qui trouvent que, se mouillant moins vite, elles offrent une plus longue durée.

COUVERTURES CATALANES avec fil de trame en coton au prix de 13 fr.

RUBANS DE COTON BLEU avec chaîne en coton retors, au prix de 2 fr. 75 c. la pièce de 96 mètres, au lieu de 6 à 7 fr. que coûte celle des rubans semblables importés d'Espagne.

OUATE en coton pur à 2 fr. 40 c. le kilogramme.

CORDES EN COTON pour les métiers à filer, à 4 fr. le kilog.

LAINES MÈRES, qualité indigène du Roussillon, à 7 fr. le kilogramme. Elles sont garanties sans mélange de laine d'agneaux et de laine de pelure.

Tous ces articles sont fabriqués ou préparés dans les ateliers de M. Vimort-Maux et sans sortir de son établissement.

147. — COSSON, fabricant de *billards* et *fournisseur du roi*, à Paris, rue Grange-aux-Belles, 20 *bis*.

Ce fabricant, auquel on a accordé une mention honorable à l'exposition nationale de 1839, et plusieurs médailles d'argent aux expositions annuelles de l'Académie de l'industrie, se livre à la fabrication non seulement des billards ordinaires, mais aussi des billards de luxe.

Il expose un petit BILLLARD en acajou moucheté de la plus grande beauté, et remarquable par le *nouveau système de ses bandes*, dont l'élasticité reste toujours la même et ne nuit en rien à la justesse du jeu.

148. — AUDRY, fabricant de STORES à Paris, rue Rochechouart, 42 et 44, et *fabrique* même rue, avenue Trudaine, 5.

M. Audry expose des stores représentant le *messager Diveret* (pastorale), le *chemin de Righi* (paysage), la *fontaine des Innocents* et *une Vierge*, tous confectionnés à sa fabrique.

149. — PAILLARD, serrurier à Breteuil, département de l'Oise.

Fabrique toute la serrurerie, et expose une serrure de sûreté à combinaisons, remarquable spécialement par le travail de la tige et du panneton de sa clef.

150. — JEANNINGROS, coutelier, fabricant de RASOIRS à Ornans, département du Doubs, et dépôt à Paris, chez M. VOIRIN, rue Richelieu, 3.

Fabrique un nouveau rasoir spécial qui a été admis à l'exposition nationale de 1844, et a reçu une médaille à l'exposition de Besançon. Ce rasoir, pour lequel il a été pris un brevet d'invention, est à lame mobile, et n'a besoin, pour bien couper, que d'être passé légèrement sur le cuir.

151. — BOTTOLLIER, fabricant de vis cylindriques, à Paris, rue Geoffroi-l'Angevin, 19.

Fabrique, au moyen de mécaniques de son invention, des vis cylindriques en toute espèce de métaux. Leur bonne confection lui a mérité depuis déjà plusieurs années la confiance du public.

152. — LARMOYER, fabricant de couleurs et de *cirage*, à Paris, rue des Vieux-Augustins, 57.

Fabrique toutes espèce de couleurs, ainsi qu'un cirage à la brosse sans acide sulfurique, et par conséquent ne pouvant pas brûler les chaussures ; il tient aussi un très beau vernis applicable au pinceau, également pour chaussures.

153. — FROMONT, *torréfacteur de café*, à

Paris, rue Saint-Honoré, 266, en face le passage de l'Orme.

S'occupant spécialement et lui-même de la torréfaction du café, n'ayant aucun frais d'étalage et de luxe, ne faisant pas faire d'insertion dans les journaux, voilà de tout Paris la seule maison qui présente le plus d'avantages aux consommateurs de cette denrée.

Contrairement aux autres maisons, qui ne veulent vendre leurs cafés qu'en poudre, là on ne le vend qu'en grain, et puis on le met en poudre devant les personnes qui le désirent, sans augmentation du prix marqué; comme cela, on est certain d'avoir du café en poudre.

Pour le café à l'eau.

Dans cette maison on ne vend le vrai *café moka* que 2 fr. le demi-kilo; le *Martinique* première qualité aussi 2 fr., et le *Bourbon* (garanti parfait bon), 1 fr. 60 c. le demi-kiló.; nous y trouvons même du café tout brûlé et assez bon au prix de 1 fr. 20 c.

Pour le café au lait.

Là seulement on trouve en grains du *café torréfié avec arôme concentré dans la vapeur*, au prix de 2 fr. le demi-kilo la première qualité, et 1 fr. 60 c. la deuxième qualité. Ce café a l'avantage de pouvoir se conserver aussi long-temps qu'on le désire sans que la qualité en souffre.

Nota. Il ne sort pas de paquet sans être revêtu du cachet de la maison.

On se charge de torréfier le café des personnes qui le désirent.

On expédie en province sans frais d'emballage.

154. — MONTFORT, fabricant de *cirage* et du VERNIS ROYAL, breveté et seul fournisseur du roi, à Paris, rue de l'Université, 108, et rue des Vieux-Augustins, 64.

Ce fabricant, qui a obtenu une mention honorable à l'exposition nationale de 1839, expose des produits qui, malgré la concurrence redoutable qu'on lui fait à Paris, conservent leur bonne qualité et la juste réputation dont ils jouissent depuis déjà plusieurs années. Aussi, par suite de sa nombreuse clientèle, M. Montfort a été forcé d'ouvrir de nouveaux magasins sur la rive droite de la Seine, rue des Vieux-Augustins, n° 64.

Il fabrique en outre tout spécialement le VERNIS ROYAL pour chaussures et équipages.

155. — LEFEBVRE, fabricant de *pâte à rasoirs* dite AUGUSTINE, à Paris, quai de l'École, 20.

M. Lefebvre fabrique une pâte à rasoirs que l'on connaît sous le nom de pâte AUGUSTINE; elle fait parfaitement couper les rasoirs, et a reçu une mention honorable à l'exposition nationale de 1839.

156. — PETIT, LEMOULT et Compagnie, fabricants de la BOUGIE CIROGÉNÉE, rue Croix-Nivert, 43, à Grenelle. Dépôt à Paris, rue Feydeau, 19.

Fabriquent la *bougie* CIROGÉNÉE, qui se fait remarquer par sa beauté et son prix modéré; ils fabriquent aussi l'*acide stéarique* et l'*acide oléique*.

157. — SOUCHAY et Compagnie, fabricants de la BOUGIE DU PHÉNIX, avenue de Breteuil, 44; dépôt à Paris, rue Vivienne, 12.

Continue à fabriquer la *bougie* DU PHÉNIX, dont la blancheur et la bonne qualité ne le cèdent en rien à tous les produits du même genre, et dont le prix est arrivé à ne pouvoir plus être diminué; il fabrique également l'*acide stéarique et* l'*acide oléique.*

158. — MORA, successeur de M. DACOSTA jeune, bijoutier, fabricant de petits bronzes, à Paris, rue Jean-Robert, 17, ci-devant rue Bourg-l'Abbé, 9.

Admis à l'exposition nationale de 1844, M. Mora, ainsi que l'a fait si brillamment son prédécesseur, M. Dacosta jeune, fabrique les petits bronzes, les objets de nouveautés, et la monture des cristaux et porcelaines.

L'on trouve dans ses magasins un assortiment d'objets de bijouterie, fantaisies et nouveautés en petits bronzes, genre rocaille, porcelaines et cristaux garnis, objets à surprise pour étagères montés de feuillages et fleurs porcelaine; boîtes et coffres gravés en tous genres. Il exécute toutes les pièces de commande.

159. — SAVARY et MOSBACH, successeurs de M. BON. Pour la vente en gros, s'adresser à Paris, *à la fabrique seulement*, rue Vaucanson, 4, marché Saint-Martin. Quant à la vente au détail, elle

se fait toujours chez M. Bon, rue Castiglione, 4; passage des Panoramas, 49, et Palais-Royal, galerie Montpensier, 73.

Cette fabrique, la seule qui ait obtenu deux médailles d'argent en 1839 et 1844 aux expositions nationales pour ses riches masses de pierres, les seules qui peuvent avantageusement concourir avec le diamant. Leur dureté et leur brillant limpide ont fait de cette fabrique la première du monde. C'est ce qui fait que les personnes le plus haut placées les mêlent en toute confiance avec leurs diamants.

On trouve toujours dans cette fabrique les parures les plus complètes et du meilleur goût, ainsi qu'un grand assortiment de nouveautés pour la commission.

160. — EVANS, *naturaliste*, à Paris, quai Voltaire, 5.

Ce naturaliste monte et compose des groupes d'oiseaux en tous genres. Il démontre l'art d'empailler d'après une méthode sûre et facile.

On trouve dans son cabinet tout ce qui est relatif à cet art.

Mme Evans donne aussi des leçons de taxidermie aux dames.

161. — SIMONNET-LOCQUARD, apprêteur de LAINE PEIGNÉE, à Hauviné, département des Ardennes.

Expose divers échantillons de laine peignée et préparée par ses soins, ainsi que trois pièces d'étoffes tissées avec des fils provenant de ses laines peignées.

162. — MARION, fabricant de PAPETERIE DE LUXE, à Paris, rue Basse-Saint-Pierre, et *magasins de vente* cité Bergère, 14.

Fabrique et expose :

Papier glacé, satiné, parfumé, armorié, illustré, à coins ronds, à filets perlés ; papier dentelle, feuille de rose, *Victoria*, torsade, uni ou rehaussé d'or ou d'argent, avec enveloppes assorties. Il faudrait un volume pour décrire tous les petits chefs-d'œuvre de grâce et de bon goût dont la mode prescrit aujourd'hui l'usage à ceux qui se piquent d'élégance en matière d'écriture, et surtout aux dames, dans la vie desquelles la correspondance tient une si grande place.

M. Marion est le créateur de ces différents genres, et à cette nomenclature fort incomplète de ses produits nous ajouterons ses délicieux papiers pour menus, pour deuil, pour baptême, pour mariage, et ses enveloppes à 1 fr. le cent; merveille de bon marché qu'on s'expliquerait difficilement, si l'on ne savait que M. Marion fabrique tous ses articles à la mécanique, par des procédés spéciaux.

Nul ne réussit mieux que M. Marion dans la combinaison de la papeterie avec le cartonnage, et, chaque année, le mois de décembre voit éclore chez lui des milliers de boîtes garnies qui composent de charmants cadeaux d'étrennes, dont les prix sont aussi variés que la forme et les couleurs.

La médaille obtenue par M. Marion à la dernière exposition des produits de l'industrie et ses nombreuses exportations sont une preuve incontestable de l'intelligence de ses travaux dans un art qu'il tendra, nous en sommes certains, à perfectionner chaque jour.

163. — BATAILLE, fabricant de LITS et MEUBLES *en fer plein* et de *sommiers élastiques,* rue de la Pépinière, 74.

Les lits et meubles de jardin exposés par ce fabricant sont d'une élégance et d'une solidité bien reconnues. L'exclusion complète de la fonte lui permet de donner aux formes des dimensions plus délicates, et le fini du travail est bien supérieur aux autres meubles du même genre.

Nous mentionnons particulièrement les chaises, bancs et fauteuils qu'il fabrique pour jardin, si légers, si gracieux, et cependant si résistants dans les diverses combinaisons d'ajustement, que l'on peut dire que leur durée est éternelle.

Nous ne pouvons passer non plus sous silence ses sommiers élastiques, montés sur caisse en fer, ainsi que les sommiers ordinaires, qu'il fabrique à des prix très avantageux.

M. Bataille expose aussi cette année un meuble en fer qu'il appelle *secrétaire à étagère*, et qui mérite de fixer l'attention des amateurs du beau. La richesse du décor extérieur, sa forme, son heureuse disposition, en font un meuble vraiment remarquable.

164. — MOTHEREAU, fabricant breveté de *carreaux en plâtre pour cloisons*, à Paris, rue Rochechouart, 64 *bis*.

Ces carreaux, pleins ou creux, de 40 à 50 centimètres carrés, sont fabriqués tout en plâtre avec une rainure en réserve sur leurs côtés, et permettant, en les plaçant sur champ, et au moyen du plâtre qu'on fait entrer dans ces rainures, d'établir des cloisons légères, des murs de refend, et des clôtures de toute épaissenr avec la plus grande économie, sans briques, sans montures en bois, et très solidement : toutes considérations qui méritent de ne pas être perdues de vue.

M. Mothereau, seul inventeur de ces carreaux, ne néglige rien pour apporter tout le perfectionnement possible dans ses produits.

Four de son invention pour cuire le plâtre, et qui offre l'avantage de fonctionner presque seul et sans occasionner de dépense sensible pour le combustible : car, servant à réduire la houille en coke, la cuisson se fait avec partie de la chaleur perdue, et le reste de la chaleur sert à faire travailler une machine à vapeur d'une force proportionnelle à celle du four, laquelle est utilisée au cassage de la pierre, au broiement du plâtre, et, au besoin, à le tirer de la carrière.

165. — DEBAIN, inventeur de l'HARMONIUM DEBAIN, à Paris, rue Vivienne, 53.

Honoré d'une médaille à l'exposition nationale de 1844 et d'une d'argent de l'académie de l'industrie, M. Debain fabrique l'HARMONIUM, instrument dont il est l'inventeur, et qui imite l'orgue et plusieurs instruments d'orchestre.

En moins d'un an il a été admis dans les principaux théâtres, les classes de musique, dans celles du Conservatoire, et dans les salons de nos plus célèbres artistes chanteurs et instrumentistes, notamment chez MM. DUPREZ, ROGER, LATOUR, GARDONI, G. ONSLOW, LEFEBURE-WELY, THALBERG, HERZ, CAMILIO, SIVORT, OSBORN, FESSY, DESJARDINS, SÉJEAN, MINÉ.

Dans les églises l'harmonium est reconnu tellement indispensable pour l'accompagnement du chant au chœur et aux confréries, que celles qui l'ont déjà adopté sont : *Saint-Sulpice*, *Saint-Philippe*, *Saint-Eustache*, *la Madeleine*, *Saint-Louis-d'Antin*, *Saint-Nicolas*, *Saint-Gervais*, *Saint-Germain-l'Auxerrois*, *Saint-Ambroise*, *Sainte-Marguerite*, *Saint-Jacques*, *Saint-François*, *Saint-Pierre*, *l'Abbaye-aux-Bois*, *Bonne-Nouvelle*, *Sainte-Pélagie*, *les Missions-Etrangères*, *les Invalides*, *le Temple*, *la Visitation*, etc.

Toutes les personnes qui voudraient faire l'acquisition de cet instrument peuvent prendre des renseignements dans chacune de ces églises.

166. — PAUBLANC, serrurier-mécanicien, fabricant de *coffres-forts* et de *serrures à combinaisons*, à Paris, rue Saint-Honoré, 366.

Expose un coffre-fort avec une serrure à combinaisons, exempte du danger du tact et des indications fournies par la résistance du pêne et du va-et-vient. Cette amélioration offre une ressource tellement grande pour le serrurier contre les malfaiteurs, qu'elle a reçu de nombreux encouragements ; aussi, quoique ce mécanisme ne fût encore, pour ainsi dire, qu'indiqué à l'époque de l'exposition nationale de 1839, il lui valut alors une mention honorable, et une médaille d'argent à celle de 1844.

167. — POULET, fabricant de PLOMB FILÉ, à Paris, rue Pierre-Levée, 12.

Honoré d'une médaille de l'Académie de l'industrie et de mentions honorables à l'exposition nationale de 1844, ce fabricant, fournisseur des jardins royaux, fournit aux amateurs de jardinage des FILS EN PLOMB qui remplacent avantageusement les joncs et l'osier. Il fait aussi le *plomb plat* pour les greffes et les *étiquettes en plomb et en zinc.*

168. — FICHET (CÉSAR), fondateur de l'ÉCOLE et ENSEIGNEMENT FICHET, *architecture, arts et métiers* (théorie et pratique), rue Basse-du-Rempart, 28.

Si quelques faits peuvent militer en faveur de cette école, c'est que douze cents jeunes chefs de travaux ont été fournis par elle à l'industrie, sur lesquels trente inventeurs, dont neuf se distinguaient à l'exposition nationale de 1844 ; que les travaux des élèves sont adoptés par la ville de Paris pour les écoles primaires ; qu'enfin elle fournit chaque année des candidats *boursiers* aux écoles des arts et manufactures de Châlons, d'Angers, etc.

En résumé, l'enseignement Fichet peut être considéré comme un apprentissage méthodique des professions artistiques.

Externat, 200 fr. par an selon les âges.

Pensionnat, de 700 à 1,200 fr.,   id.

169. — DECHANY, breveté, sans garantie du gouvernement, pour CRÉMONES et ESPAGNOLETTES, à Paris, rue Pierre-Levée, 15.

Fondeur et fabricant d'espagnolettes et crémones avec bouton et levier à bascule intérieure, et avec verrous à charnière pour ramener le gauchis des portes et croisées.

Fabrique également toute la cuivrerie de bâtiment, telle que boutons doubles, boucles, verrous, targettes, boules, charnières, paumels, loqueteaux, enfin tout ce qui concerne la serrurerie et la marine.

170. — DIER, *tailleur* de S. A. S. le landgrave de Hesse-Hombourg, et *remettant à neuf les vieux habits*, à Paris, rue Saint-Honoré, 347, près la rue Castiglione.

Les procédés de M. Dier rendent aux draps fatigués leur apprêt et leur couleur primitive, font disparaître les taches accidentelles dont ils peuvent avoir été salis pendant l'usage, et rendent aux vêtements toute la fraîcheur de leur nouveauté.

Les produits de cet établissement, admis à toutes les expositions, lui ont mérité des médailles d'honneur en 1835 et 1839.

171. — PASSERIEUX, fabricant inventeur de *cordons conducteurs de la voix*, à Paris, rue des Vinaigriers, 25.

Expose différents systèmes de porte-voix soit à sonnette, soit à sifflet pour avertissement, au moyen desquels on peut communiquer réciproquement sa pensée ou son commandement à une très grande distance sans sortir de sa chambre, ni même de son lit si on le désire, et de plus sans déranger personne. Ses cordons conducteurs ont été mentionnés honorablement à l'exposition nationale de 1839.

172. — JALADE-LAFOND (Le docteur), *chirurgien herniaire* de feu S. A. R. Mgr le duc d'Orléans, du prince de Valdeck, des hôpitaux, des hospices, etc., etc.; membre titulaire de la Société de médecine pratique, de l'Académie de l'industrie agricole, manufacturière et commerciale; membre correspondant de la Société des sciences physiques et naturelles de Bruxelles, etc., etc., à Paris, rue Vivienne, 23.

Ayant obtenu un rappel de la médaille d'or en 1844.

Les hernies sont si nombreuses en France, qu'un quinzième de la population se trouve obligé de porter des bandages. Bien qu'on observe quelques exemples de guérison par la seule application de cet appareil, ces cas, qu'on peut dire exceptionnels, sont presque toujours temporaires.

Cela tient à ce que les pelotes dont on s'est servi jusqu'à présent n'ont été employées que comme simple remède mécanique, et, lorsqu'elles ont agi autrement, c'est accidentellement et en dehors de l'intention qu'on s'était proposée : on n'avait songé, en effet, qu'à boucher simplement le passage des viscères, et, soit que le sac eût été réduit, soit qu'il fût resté en place, on ne visait qu'à aplatir l'anneau aponévrotique, à refouler la paroi ventrale correspondante, et à s'opposer mécaniquement, au retour de la hernie. Si donc ce mode d'action, tout imparfait qu'il est, a produit dans quelques cas des effets dynamiques ou vitaux, enflammé les parties, et déterminé la guérison radicale de l'infirmité, cet effet cependant n'a été qu'accidentel pour ainsi dire, puisqu'il n'existe rien dans les pelotes ordinaires qui soit propre à le produire constamment à volonté et au degré d'intensité que l'état des parties pourrait le réclamer.

A part cette lacune essentielle de l'action vitale, les pelotes généralement employées ont un défaut fondamental : c'est de n'agir que sur l'ouverture externe de la hernie, en guise de plaque superficielle, et de laisser béante l'ouverture interne. Cette circonstance permet aux viscères de s'engager de nouveau dans cette ouverture; et, bien qu'ils ne reparaissent pas au dehors, si l'anneau externe est bien bouché, ils se créent un nouveau domicile anormal dans l'épaisseur même de la paroi abdominale, et constituent ce qu'on a appelé dans ces derniers temps des hernies interstitielles. Ajoutons qu'en supposant que l'ouverture externe s'oblitérât à la longue emplastiquement, cet obstacle, étant trop faible pour résister à l'impulsion des viscères, n'empêchera pas la hernie de reparaître, puisqu'elle n'avait été que masquée, pour ainsi dire, par la pelote. Ces raisons, basées sur l'observation exacte, rendent parfaitement compte de l'insuffisance des pelotes ordinaires, non pas seulement à guérir, mais même à contenir exactement la plupart des hernies.

Partant de ces faits, il s'agissait d'organiser des pelotes de telle sorte qu'elles pussent remplir cette double indication : 1° *aplatir, refouler, oblitérer tout le trajet aponévrotique de la hernie, surtout son ouverture abdominale, de manière à prévenir toute hernie interstitielle autant que les conditions anatomiques de la partie peuvent le permettre;* 2° *provoquer, à l'aide de médicaments joints à la pelote elle-même, une inflammation sourde et permanente dans les tissus comprimés, dans le double but de déterminer entre leurs mailles une sécrétion abondante de lymphe plastique, capable d'oblitérer organiquement le col du sac ou le trajet de la hernie, et de fortifier en même temps la paroi ventrale qui avait donné naissance à la tumeur.*

M. J. Lafond a voulu, comme on le voit, créer des pelotes capables d'agir à volonté, et comme *moyen mécanique*, et comme *remède dynamique* ou vital à la fois.

Pour ce qui est de la *première indication*, il n'avait qu'à se conformer à la disposition anatomique de la hernie, disposition très variable, comme on sait, non seulement aux différentes régions, mais aussi selon le volume, l'espèce et l'ancienneté de la hernie dans une même région : de là une variété considérable de

pelotes dont il est obligé d'être pourvu pour répondre aux différents cas qui se présentent. Ces variétés, cependant, il est parvenu à les grouper dans un petit nombre de types que l'expérience lui a appris à reconnaître au premier coup d'œil; de sorte
que chaque hernie porte pour ainsi dire le numéro de son type,
et par conséquent de la pelote qui lui convient.

Arrivons au *second point*. Pour donner à la pelote la faculté
de produire des effets dynamiques ou vitaux, M. J. Lafond l'a
rendue creuse sans rien ôter à sa solidité et à sa forme, et a or-
ganisé dans son intérieur un réservoir capable de loger les substances médicamenteuses.

Recouverte en gomme élastique préparée, et percée de trous
pour livrer passage à ces médicaments, elle est adaptée à des ressorts de force variable, suivant les circonstances : c'est sur la
bonne disposition de ces pelotes, sur les médicaments qu'elles
contiennent et qu'elles mettent constamment en contact avec la
peau, que repose toute l'efficacité du traitement; bien entendu
que la réduction des hernies doit être parfaite et permanente.

L'action des médicaments doit être convenablement dirigée :
modérée d'abord, elle ne devra provoquer que graduellement
l'irritation de la peau et des tissus sous-jacents; cette irritation
ne devra jamais être portée jusqu'à l'inflammation suraiguë; elle
ne doit même pas empêcher les malades de marcher ou de va-
quer à leurs affaires. Il est à peine nécessaire de dire que l'activité des médicaments sera subordonnée aux diverses circonstances d'âge, de sexe, d'irritabilité individuelle. Si l'irritation des
tissus s'élevait jusqu'à l'inflammation intense, il faudrait suspen-
dre momentanément le traitement pour recourir aux antiphlo-
gistiques : un léger degré d'inflammation permanente est ce qu'il
faut pour provoquer ou hâter la guérison.

Lorsqu'on songe aux effets lents de la phlogose sourde dans nos
tissus, à l'épaississement, aux adhérences solides qu'elle produit
à de grandes profondeurs, on comprendra sans peine qu'une pa-
reille action qu'on produit volontairement et conjointement à la
compression puisse amener la guérison radicale de la hernie. Les
tissus qu'il s'agit de modifier n'ont pas une grande profondeur :
chez les personnes dont l'embonpoint est peu prononcé, on trouve
à peine un centimètre de distance entre le col et le derme; chez
celles qui sont douées de beaucoup d'embonpoint, cette distance
est plus grande, il est vrai; mais le premier effet de la pelote est
de faire disparaître la graisse par absorption : les conditions, par
conséquent, se trouvent à peu près les mêmes chez tous les sujets sous ce rapport.

L'espèce de subphlogose que la pelote détermine a d'abord
pour siége le tissu cutané; elle marche de proche en proche sur
le tissu cellulaire sous-dermique, sur les aponévroses, sur le
tissu cellulaire extra-péritonéal, et enfin sur le sac lui-même.
Cette propagation arrive d'autant plus sûrement, que toutes ces
parties, étant comprimées et aplaties, se trouvent très rappro-
chées entre elles, et par conséquent plus en état de partager l'ir-

ritation cutanée. S'il ne s'agissait ici que d'une simple question théorique, on pourrait naturellement s'attendre à une foule d'objections; mais, comme l'expérience a déjà prononcé favorablement, il est inutile d'entrer dans de plus grands détails.

Pour arriver à ces résultats, le docteur J. Lafond a dû faire, on le conçoit, d'innombrables essais; il s'agissait de trouver une combinaison de substances telle qu'elle pût offrir les qualités suivantes : 1° d'être *porphyrisable;* 2° d'être *déliquescente en contact avec la peau;* 3° d'être *très pénétrante à travers les mailles fines des tissus;* 4° enfin de *provoquer le travail plastique dont nous avons parlé sans nuire à la constitution.*

Après une foule d'expériences, il a cru devoir s'arrêter à un mélange dont la base est l'*iodure de potassium.* On se tromperait si on voulait employer cette préparation sans aucun mélange; il a établi à ce sujet différentes combinaisons qu'il varie selon les conditions de la hernie, l'âge de l'individu et le degré de vulnérabilité de la peau. Il en est de cela comme du degré d'énergie des injections vineuses qu'on pratique pour la guérison de l'hydrocèle. Dans ces derniers temps on a employé de l'iode pour provoquer l'oblitération de la poche de l'hydrocèle. C'est aussi en vertu de la même propriété qu'agit probablement l'iodure de potassium dans la guérison de la hernie.

Les observations nombreuses qu'il a recueillies lui donnent le droit de tirer les conclusions suivantes, qui sont aujourd'hui des propositions incontestables.

1° *Le traitement radical des hernies pur les bandages à pelotes medicamenteuses est un fait certain.*

2° *Il est également efficace dans les hernies inguinales, crurales et ombilicales.*

3° *On ne peut pas assigner de limites à la durée de la guérison obtenue par ce traitement.*

173. —PLUMIER (Victor), rue Neuve-Vivienne, 36, près le boulevart.

PORTRAITS AU DAGUÉRRÉOTYPE, de 4 à 20 fr.
Les nouveaux procédés de MM. **CHOISELAT** et **RATEL**, dont on fait usage dans cet établissement, forment, par leur extrême promptitude, la beauté et la douceur des portraits, une spécialité pour les groupes de famille, les portraits de dames et d'enfants.

Pendant la pluie en opère sur une terrasse vitrée et chauffée en hiver.

174.—ROGER-JAMET, fabricant de chocolat en poudre, breveté sans garantie du gouvernement, et confiseur-chocolatier à Orléans, Loiret.

Ce **CHOCOLAT**, admis à l'exposition et breveté, se recommande par la facilité avec laquelle en un instant on obtient une crème de chocolat qui ne laisse rien à désirer; l'arôme du cacao y est très bien conservé et s'y développe d'une manière remarquable; les substances qu'il renferme sont très favorables à la santé; l'usage en est recommandé par MM. les médecins aux personnes dont l'estomac est débilité, ou dont la poitrine est délicate.

Toutes les boîtes sont cachetées et revêtues de la signature de M. Roger-Jamet; elles portent la manière de l'employer.

Prix de la boîte d'un demi-kilo :

Chocolat fin.	2 fr.	» c.
Id. surfin.	2	50
Id. excellence.	3	»
Id. vanille surfin.	3	»
Id. double vanille.	4	»
Id. ferrugineux.	4	»

On trouve également au même dépôt les chocolats de la même fabrique préparés à la manière ordinaire.

175. — PERNET, mécanicien-bandagiste, rue des Filles-Saint-Thomas, 19.

Un grand nombre de personnes atteintes de hernies se plaignent de l'imperfection des appareils destinés à les contenir, et sont blessées par les ceintures métalliques qui fixent les pelotes de ces appareils. M. Pernet a pensé que le système de bandages à pelotes élastiques maintenues par des ceintures non métalliques, et que l'on avait abandonné, devait offrir, s'il était perfectionné, plus de chances de réussite, pour remédier à ces tristes infirmités. que les appareils généralement adoptés.

Il substitua aux ressorts des premiers inventeurs les spirales coniques se correspondant par le sommet des deux cônes.

Ce système de ressorts, dont il multiplie le nombre suivant le besoin, présente sur le premier un avantage incontestable et bien précieux, en ce qu'il conserve toujours le centre d'action à la partie moyenne du ressort, quelle que soit l'attitude du malade, et ne le reporte jamais sur un point de la circonférence de la pelote, comme cela a lieu dans tous les autres bandages.

C'est en effet pendant les mouvements brusques que l'on voit souvent les hernies s'échapper, glisser, et être comprimées douloureusement avec les appareils ordinaires. Les personnes auxquelles cet accident arrive resserrent souvent alors l'appareil sans réduire la hernie.

Cette pression est douloureuse; elle cause l'inflammation lente des parois du sac, puis des adhérences dont l'irréductibilité de la hernie devient la conséquence fâcheuse.

La ceinture de cuir du bandage Pernet, de largeur proportionnée à la stature de l'individu, ne le gêne pas, soutient la paroi abdominale, et contrebalance l'effet des puissances musculaires qui, par leur contraction, tendent à faire sortir la hernie.

Cette ceinture est si peu incommode, que les malades peuvent la garder jour et nuit; ils doivent même le faire pour obtenir une guérison radicale dans les cas où celle-ci est possible.

La force destinée à maintenir la hernie réduite est placée où elle est indispensable dans les pelotes de M. Pernet; la pression du ressort de la pelote peut avoir une puissance double ou triple de celle des bandages herniaires ordinaires à tige métallique; cette pression, répartissant son point d'appui sur toute l'étendue de la ceinture par une surface large et douce, ne peut jamais occasionner la gêne ou la douleur que cause une portion du cercle métallique, n'appuyant que par ses extrémités et dans certains mouvements par un de ses bords.

Aussi un homme robuste est-il fatigué par un bandage à cercle métallique dont la force de pression est de quatre kilogrammes, tandis qu'il pourrait supporter avec la large ceinture de M. Pernet une pression de 8, 10 et même 12 kilogrammes, sans fatigue ni meurtrissure douloureuse de la peau. Depuis six ans que M. Pernet a fait l'application de ce système de pelotes, il a obtenu en un ou deux ans la guérison radicale de hernies qui existaient depuis longues années chez des adultes et même des vieillards. Il est presque inutile de dire que les chances de succès sont plus nombreuses chez les jeunes gens et les enfants : il a souvent contenu, au moyen de ses appareils, des hernies pour lesquelles les bandages les plus ingénieux et les mieux confectionnés avaient été infructueusement mis en usage, et les approbations flatteuses qu'il a reçues des principaux praticiens de Paris lui ont donné l'assurance qu'il n'avait pas trop espéré des modifications avantageuses qu'il a fait subir aux appareils herniaires.

M. Pernet a non seulement mis en usage ces pelotes à spirales à deux cônes pour les hernies de toute la paroi abdominale; mais il a cru devoir, depuis deux ans, en faire l'application à certaines maladies de l'utérus dans lesquelles la masse des viscères abdominaux a besoin d'être soutenue, et ne doit pas peser de tout son poids sur les organes contenus danx l'excavation du bassin et aux éventrations qui ont lieu chez quelques femmes à la suite des accouchements.

Un moyen bien simple lui a paru utile dans les cas d'obésités, d'ascite, de relâchement des parois abdominales, ou chez des personnes guéries de hernies, mais ayant besoin d'exercer une compression uniforme sur des parties encore trop faibles pour les abandonner à elles-mêmes.

Ce sont des caleçons dont il a modifié la forme de la ceinture, et auxquels il adapte des pelotes douces, diversement configurées, afin de remplir les parties sur lesquelles la compression ne pouvait pas être faite avec l'exactitude nécessaire.

Beaucoup de médecins ont donné des preuves de leur satisfaction de ses appareils à M. Pernet. Nous citerons pour l'instant MM. les docteurs AUBERGE, DESRUELLES, DEVILLIERS, GAYÉTANT, HUTIN, Laborie, Marchand, Monot et Pinel-Grandchamp.

176. — VILLENEUVE et Compagnie, à Paris, rue des Petits-Augustins, 17.

Exposition de 1844.

LE CONGÉLATEUR,

GLACIÈRE DE FAMILLE.

Appareil pour faire la glace en toutes saisons et par toutes les températures.

SYSTÈME FRANÇAIS (*résultats infaillibles*), propriété de M. Villeneuve et compagnie, rue des Petits-Augustins, n° 17, près le Palais des Beaux-Arts, faubourg Saint-Germain.

Expériences publique les mardis, jeudis et samedis, à 2 heures.

P. S. Ne pas confondre cet appareil d'origine française, et qui a obtenu un grand succès à la dernière exposition nationale, avec une *importation anglaise.*

Avec cet appareil, très facile à faire fonctionner, on peut, dans un espace de 30 à 40 minutes, moyennant une légère dépense, dans tous les pays et par toutes les températures : 1° faire de la glace ; 2° frapper le vin et toute espèce de liqueur ; 3° congeler des sorbets, fromages, punch, etc. ; enfin, faire toutes sortes de glaces aux fruits, à la crème et aux sirops.

Prix : appareil n° 1, 55 fr., donne de 4 à 5 livres de glace.
    Id.   n° 2, 65   »   6 à 7   id.
    Id.   n° 4, 80   »   10 à 12   id.

La glace obtenue à l'aide de cet appareil est aussi dure, aussi compacte que la glace naturelle, et peut se conserver aussi long-temps.

On enverra le livret *gratis* aux personnes qui en feront la demande par lettre affranchie.

177. — TOURNEUR, marchand épicier, rue Richelieu, 45, en face la fontaine Molière.

CAFÉ TORRÉFIÉ, PARFUM CONCENTRÉ.

Par un procédé nouveau, M. Tourneur a trouvé le moyen de lui conserver toute sa force et tout son parfum ; il est le double plus fort des autres cafés.

Il devient, par ce procédé, moitié plus économique que les autres cafés ; il suffit d'un simple essai pour se convaincre de sa supériorité.

Il a l'avantage de se conserver plusieurs années en bouteilles ou en boîte sans que sa qualité soit altérée.

Moka et Martinique.

Le prix du demi-kilo et de 2 fr. 40 cent.

178. — DESPRETZ, fabricant de LIMES à Milourd, par Trelon, département du Nord, et à Paris, chez M. Lebeau, rue Fontaine-au-Roi, 39.

Fabrique et expose divers échantillons de limes confectionnées dans ses ateliers.

179. — BIANQUIN, ARMURIER à Saumur, département de Maine-et-Loire.

Fabrique et expose une *Platine de fusil* à percussion dont la noix porte un CRAN DE SURETÉ par lui inventé en 1833.

L'application en a été faite aux fusils de l'armée, ainsi qu'à ceux des grandes fabriques.

180. — Le docteur SAINTARD, inventeur du SPÉCULO-POMPE et du FLUIDUC AUTOGRADE, à Paris, rue Grange-aux-Belles, 1, et dépôt boulevart Saint-Martin, 45.

Le docteur Saintard vient d'inventer deux instruments qui doivent jouer un rôle très important dans l'art de guérir.

Le premier de ces instruments, que ce médecin appelle SPÉCULO-POMPE, remplace avec beaucoup d'avantage le spéculum ordinaire, remplit plus d'indications et est employé dans un bien plus grand nombre de cas.

Cet instrument pouvant être facilement appliqué par des personnes étrangères à la médecine, ces personnes deviendront de puissants auxiliaires pour le médecin. Aussi, à l'aide du spéculo-pompe, le traitement des maladies de l'utérus, ordinairement très long, sera-t-il plus efficace et plus prompt.

Cet instrument sera encore employé avec beaucoup de succès dans un grand nombre d'affections intestinales et de phlegmasies des organes circonvoisins; dans la constipation opiniâtre et dans les cas où la défécation doit avoir lieu sans efforts musculaires, etc., etc.

Dans le traitement de ces diverses maladies, le spéculo-pompe a pour propriété de favoriser 1° l'examen des organes malades (et sous ce rapport cet instrument ne laisse rien à désirer); 2° l'administration, sur ces organes, d'injection en jet unique ou en pluie, et de bains locaux plus ou moins prolongés; 3° l'application, dans les cavités qui reçoivent cet instrument, de cataplasmes et autres topiques médicamenteux; 4° le séjour dans le tube intestinal des liquides introduits, soit comme médicaments, soit comme aliments; 5° l'application, dans les cas d'aménorrhée, de ventouses sèches sur l'utérus même, etc. etc., etc.

Le second instrument, auquel le sieur Saintard donne le nom

de **FLUIDUC AUTOGRADE**, remplace avec avantage toute espèce de clyso-pompe et **autres instruments** destinées aux mêmes usages.

Cet instrument, qui fonctionne seul et sans mécanisme, jouit d'une supériorité marquée sur tout ce qui a été inventé jusqu'à ce jour pour l'administration de toutes espèces de douches, injections ou lavements. Rien en effet de plus commode pour ces différentes opérations que ce petit appareil, qui sera surtout apprécié par les malades, lesquels n'auront plus besoin désormais de se déplacer, ni d'avoir recours à une main étrangère. Aussi simple qu'avantageux, cet instrument est facile à transporter et recommandé par tous les médecins, qui lui reconnaissent une supériorité incontestable.

Dépôt, boulevard Saint-Martin, nᵒ 45.

181. — MONTAL, facteur de PIANOS, rue Dauphine, 36.

Dans le cours de cette exposition M. Montal présentera tour à tour au jugement du public quelques uns des sept pianos qui sont indiqués ici; quant aux autres, on pourra toujours les voir et les essayer dans ses magasins.

1ᵒ Un piano droit à trois et quatre cordes verticales, clavier à bascules, transpositeur d'*ut* en *la*.

2ᵒ Un piano de plus grand format, à trois et quatre cordes, sept octaves d'*ut* en *ut*.

3ᵒ Un piano droit, à trois et quatre cordes obliques, d'*ut* en *la* et à double échappement.

4ᵒ Un piano à queue verticale ou piano droit de concert, à trois et quatre cordes, sept octaves de *la* en *la*, transpositeur, et à double échappement.

5ᵒ Un piano carré, à deux et trois cordes, et à double échappement, six octaves au *sol*.

6ᵒ Un grand piano carré, à trois cordes et à double échappement, six octaves trois quarts au *la*.

7ᵒ Un grand piano à queue, à trois et quatre cordes, sept octaves de *la* en *la*, et à double échappement.

Ces pianos, de la plus grande solidité, sont construits avec des sommiers et barrages en fer d'une nouvelle disposition pour assurer la durée de l'accord et protéger la table d'harmonie. L'emploi des quatre cordes dans la partie supérieure des pianos de M. Montal a pour objet de donner plus de force aux dessus, d'empêcher la rupture des cordes et de contribuer à la durée de l'accord. Le soudage du trait dans les cordes filées de la basse empêche également la rupture des cordes, et leurs permet de se fixer avec plus de précision sur les points d'appui, leur donne de la flexibilité aux extrémités, ce qui augmente considérablement l'ampleur des vibrations, et procure par là plus de force, d'intensité et de rondeur, dans le son.

Les mécaniques à double échappement dans les pianos droits, carrés et à queue, inventées par M. Montal, permettent à la touche de produire un son fort ou faible, suivant qu'on laisse plus ou moins relever le doigt, avantage immense pour faciliter l'expression et augmenter les ressources de l'exécution. De nouveaux étouffoirs appliqués aux pianos droits font cesser le son complétement lorsqu'on laisse relever la touche. Tous les enfourchements des mécaniques sont en cuivre pour donner plus de précision et de sûreté dans le coup de marteau ; ceux-ci sont garnis avec double feutre, ce qui leur procure plus d'élasticité, et donne à l'instrument plus de puissance et de rondeur dans le son. Les claviers, garnis dans leurs mortaises, ne font plus de bruit ; des pointes ovales, des vis de pression, y sont adaptées pour les régler avec facilité et simplifier les réparations.

Dans les pianos carrés et à queue, des agrafes en cuivre perfectionnées remplacent les pointes ordinaires du sillet, donnent plus de pureté au son et empêchent les cordes de casser. M. Montal construit, comme on le voit, les différents genres de pianos avec tous les perfectionnements connus, et beaucoup d'améliorations qui lui appartiennent.

182. — BONTEMPS (Georges), gérant de la VERRERIE de Choisy-le-Roy, sous la raison sociale BONTEMPS, LEMOYNE et Cᵉ.

Expose un **VITRAIL** exécuté d'après le dessin de MM. Geniez et Gsell pour l'église de Notre-Dame-de-Bon-Secours, près de Rouen, et continue à fabriquer les **CRISTAUX, VERRES A VITRES et CYLINDRES.**

183. — BUIGNIER, graveur, *fabricant de* MÉDAILLES, à Paris, rue des Vertus, 20, quartier Saint-Martin.

Fabrique des **MÉDAILLES-ADRESSES** portant la représentation en relief et de couleur, les médailles obtenues aux expositions nationales de Paris ou des départements et dans les sociétés savantes ou particulières.

184. — LEBLANC, ébéniste, rue du Faubourg-Saint-Honoré, 79, à Paris.

Fabrique spécialement les meubles genre ancien, règnes d'Henri IV et Louis XIII. Il fait la réparation des vieux meubles et expose une commode et une armoire à glace.

185. — MICHAUD fils (*Raoul*), fabricant de PAPIERS PEINTS, à Paris, rue de Charonne, 33.

Ce fabricant, qui a fourni la décoration des salles de l'Exposition nationale de 1844, fabrique spécialement des *papiers*, BOIS, MARBRES et AGATES *peints à l'huile*; ce qui leur assure une grande solidité et permet de les laver et traiter comme les autres peintures à l'huile.

186. — GÉRARDIN, *graveur sur* COQUILLES, à Angoulême.

Expose divers échantillons de coquilles d'œufs gravées au burin et représentant plusieurs sujets religieux et profanes.
Cet artiste a reçu des encouragements de S. M. le roi de Prusse, de S. S. le Pape et de différents autres souverains.

187. — FIEUX aîné, TANNEUR, rue des Tripiers, 15, faubourg Saint-Cyprien, à Toulouse.

Expose divers échantillons de cuirs tannés au moyen de la garouille par des procédés particuliers plus prompts et plus économiques que ceux habituellement employés.

188. — MAGNIN, fabricant de PATES FRANÇAISES, à Clermont-Ferrand, département du Puy-de-Dôme.

Expose des échantillons de MACARONI et de VERMICELE confectionnés par ses soins et dans ses ateliers. Ces pâtes, contre lesquelles s'est long-temps élevée la prévention, sont de la meilleure qualité et soutiennent avec le plus brillant succès la rivalité contre les pâtes d'Italie.

189. — ALBERT-LABRYE, teinturier à Maringues, département du Puy-de-Dôme.

Expose divers échantillons des produits qu'il fabrique journellement, tels que peaux mises en couleur sur laine longue, chapeaux en peau de cheval sans couture et dégras artificiel.

190.—SCHWICKARDI, inventeur mécanicien, à Paris, rue de Cléry, 53.

Dix fois breveté pour diverses inventions, **M.** Schwickardi place sous les yeux du public une nouvelle machine qui pourra peut-être en obtenir l'assentiment.

191. — MICHELS-MAIRE, bottier breveté, à la Botte-sans-Couture, rue des Petites-Tappes, 1, à Metz.

Honoré de plusieurs médailles par l'Académie royale de Metz, **M.** Michels-Maire expose des échantillons de ses **BRODEQUINS CORIOCLAVES** à boucles de son invention, ainsi que diverses bottes confectionnées dans son établissement.

192. — REGNARD, fabricant de meules à moulins, à la Ferté-sous-Jourrre, département de Seine-et-Marne.

Expose un échantillon des meules qu'il fait extraire et confectionner avec des soins tout particuliers.

193. — MERCIER, *ébéniste* de S. M. la reine douairière d'Espagne, breveté sans garantie du gouvernement, à Paris, rue du Faubourg-Saint-Antoine, 110.

Expose un **FAUTEUIL-LIT** avec tabouret. Ce fauteuil, aussi élégant qu'on peut le désirer quand il est fermé, contient dans le siége un petit matelas, un traversin et un oreiller avec draps et couvertures, qu'il n'y a plus à placer sur le petit lit quand on abaisse le dossier du fauteuil.
On trouve également chez ce fabricant tous les meubles dont on peut avoir besoin, et tous dans le goût le plus moderne.

194.—CHOMEAU, *mécanicien*, constructeur de **MACHINES A CHOCOLAT**, et fabricant de *chocolat*, à Paris, rue Quincampoix, 63, passage Beaufort.

Expose une machine à vapeur à basse pression et à balancier, de la force d'un cheval, propre à faire marcher des tours, des pompes et diverses autres petites machines n'exigeant pas une grande force.

195. — BÉRANGER et Compagnie, ingénieur mécanicien, fabricant d'INSTRUMENTS DE PESAGE, cour du Trocadéro, aux Brotteaux, à Lyon, département du Rhône, et à Paris, chez M. Poirier, rue du Faubourg-Saint-Martin, 35.

Cette maison se livre particulièrement à la fabrication des PONTS A BASCULE pour pesage accéléré, des BALANCES-BASCULES *portatives* de toutes forces, du *système de M. Béranger*, offrant solidité, précision et économie. Enfin, elle expose le modèle d'une MACHINE HYDRAULIQUE *pour l'assainissement* DES PORTS. Cette machine se compose d'une roue à hélice close, placée verticalement et servant à obtenir des courants souterrains aussi considérables qu'on peut le désirer sans force élévatoire.

Le Conseil municipal de Marseille a constaté qu'un modèle en petit de cette machine hydraulique a fonctionné sous les yeux de plusieurs membres de la commission des travaux publics de la manière la plus satisfaisante. Ce mécanisme, aussi simple qu'ingénieux, dit le rapport. leur a paru tout à fait propre à remplir le but qu'il s'agit d'atteindre. En conséquence, M. Dumas, son rapporteur, a proposé de renvoyer le projet de M. Béranger à M. le préfet pour être transmis au gouvernement.

L'assemblée a délibéré ensuite de transmettre à M. le ministre des travaux publics, par l'intermédiaire de M. le préfet, le projet de système hydraulique proposé par M. Béranger, dont le mécanisme, aussi simple qu'ingénieux, paraît éminemment propre à obtenir l'assainissement du port.

196. — SISCO, cordonnier, breveté d'invention sans garantie du gouvernement, à Paris, passage Chausson, rue Neuve-Saint-Nicolas.

Fabrique et expose des CHAUSSURES HYDROFUGES à doubles semelles, sans coutures, pour remplacer celles avec semelles de liége ; elles sont parfaitement hydrofuges ; elles ne se déforment jamais, et les semelles peuvent être changées sans le secours d'un cordonnier.

197. — LECLERC (J.) et Compagnie, directeur de la fabrique des **pompes hydrauliques françaises**, *aspirantes et foulantes, à jet continu*, quai Valmy, 59, et rue Ménilmontant, 28.

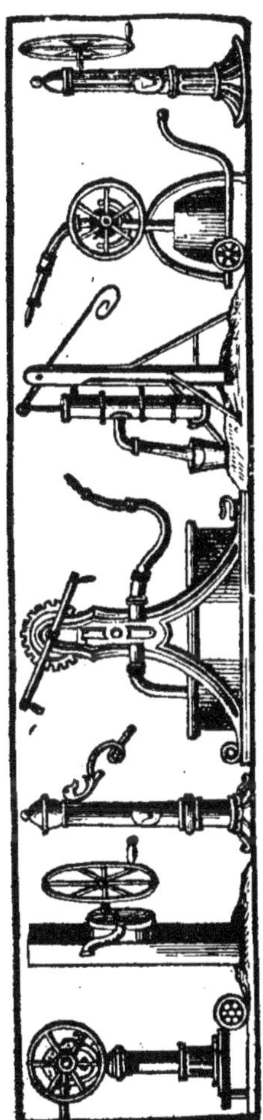

Dépot et exposition boulevart Montmartre, 10, en face la rue Vivienne.

POMPÉS ROTATIVES, applicables aux usages domestiques, agricoles et manufacturiers, à la marine, et contre les incendies. Pose extrêmement facile à toutes les profondeurs. ÉCONOMIE de 60 p. 100 SUR LES POMPES ORDINAIRES.

CONFECTION de Pompes à pistons, à balanciers ou à mouvements rotatifs à doubles ou simples effets; Pompes-Bornes de toutes formes; Machines à vapeur, Générateurs, Presses hydrauliques et autres objets mécaniques.

POMPES A PISTONS, à 60 fr. et au dessus: POMPES ROTATIVES, à 80 fr. et au dessus; POMPES CONTRE L'INCENDIE, à 500 fr. et au dessus.

Moyennant une faible rétribution annuelle, toutes les pompes placées dans Paris et la banlieue sont *entretenues et garanties pendant 20 ans.* (Ecrire franco.)

198.—PLAULT, fabricant de CHOCOLAT, *four-nisseur de S. A. R. Monseigneur le duc de Nemours*, à Paris, rue de la Chaussée-d'Antin, 41, à la Caravane chinoise.

L'on fabrique spécialement dans cette maison les chocolats de qualités supérieures, et en outre un *chocolat pour glaces*, remarquable par sa beauté et son bon goût. On y fabrique aussi tous les bonbons en chocolat.

199. — GÉRIN, pompier-mécanicien, rue Confalon, à Lyon (Rhône).

Fabrique un nouveau système de pompe dont il expose un modèle, système dans lequel on fait servir l'une des colonnes de la monture en guise de conduit ascendant.

200. — SCHOEN, facteur de pianos, à Paris, rue Basse-du-Rempart, 46.

Les pianos droits que M. Schoen a exposés en 1839 ont été cités au premier rang et lui ont valu l'honorable encouragement d'une médaille, et une réputation méritée par la rondeur, l'égalité et la force des sons.

Il expose aujourd'hui un piano à queue à sept octaves complètes (du *la* au *la*), et un piano droit. Ces instruments réunissent toutes les qualités des premiers, et de nouveaux perfectionnements apportés à leur confection ne laissent rien à désirer sous le double rapport de la bonté et du fini joints à l'élégance de l'extérieur.

201. — HENNEQUET, coiffeur, inventeur de la *liqueur aromatique* SOTERIACÔME, à Paris, rue Saint-Martin, 222.

La *liqueur* SOTERIACOME procure aux cheveux plus de force et de vitalité, et, en nettoyant le cuir chevelu de toutes les petites pellicules qui souvent le recouvrent, elle lui rend son élasticité et permet aux petits cheveux que peuvent encore fournir les racines de se faire jour et d'arriver à l'état normal.

202. — DUVELLEROY, fabricant, fournisseur de S. A. R. madame la duchesse d'Orléans, passage des Panoramas, grande galerie, 17, et rue de la Paix, 15.

EVENTAILS.

Le bon goût qui distingue tous ceux de cette maison est trop bien apprécié pour qu'il soit utile de chercher à le faire valoir davantage.

FILOIRS.

Fabrique et dépôt général à Paris, boulevart Poissonnière, 14.

FILOIR pour remplacer le rouet, adopté par le ministère de la marine pour la filature de la filoselle dans les colonies, et par le ministère de l'intérieur pour les prisons et hospices de France.

Ce filoir est d'une construction solide et d'un mécanisme simple. Comparé au rouet, qu'il vient remplacer, il a sur lui des avantages incontestables.

Il file sans jamais casser son fil; il ne fait pas de bruit, et son mouvement est si doux, qu'un long travail ne fatigue pas. Il peut servir à une fileuse inhabile. Il sert à filer le lin, le chanvre, le coton, la soie de tous les numéros. Son premier avantage est de filer de suite en écheveau qui se fait sur la grande roue et prévient ainsi les retards du dévidage. Il est très portatif, puisqu'il se replie et se met sous le bras.

Prix : 12, 15, 20, 25, 30, 35, 40 et 50 fr.

COQUETIERS – CALORIFÈRES.

Boulevart Poissonnière, 14.

Coquetier-calorifère pour cuire les œufs à la coque en 3 minutes, avec 1|2 centime d'esprit-de-vin et pouvant en outre servir à faire une tasse de chocolat, une crème ou une bavaroise, en 5 minutes.

203. — BLIN, fabricant de *toiles à voiles* EN COTON, à Pondichéry (Indes-Orientales).

Ce Français, qui a établi avec beaucoup de peine une fabrique dans cette partie de nos possessions de l'Inde, expose divers échantillons de *toiles à voiles* EN COTON, fabriquées dans ses vastes établissements de Pondichéry, avec des cotons frais non pressés ; toiles dont il fabrique mensuellement, avec 60 métiers, 200 à 250 pièces de 37 à 45 mètres, qu'il vend à tous les capitaines de navires, qui s'estiment fort heureux de pouvoir trouver dans ces parages cette importante ressource.

204. — HAMANN et HEMPEL, fabricants brevetés d'*instruments de précision*, à Paris, rue de la Parcheminerie, 2, au coin de la rue S.-Jacques.

Exposent un nouveau COMPAS A ELLIPSES, un CADRAN SOLAIRE *portatif* pour indiquer partout l'heure juste ; un CADRAN SOLAIRE *transparent* donnant le temps moyen à l'aide d'une table imprimée autour du plan du cadran ; un CYMAGRAPHE instrument servant à prendre les contours des moulures ; le PLAN d'un *tour de précision* de leur invention, avec des dispositions qui facilitent beaucoup le travail ; un MODÈLE DE MACHINE A VAPEUR, système Watt ; le tout à des prix très modérés.

205. — LEMONNIER père et fils, artistes des-sinateurs en cheveux de S. M. la Reine des Fran-çais, honorés d'une médaille d'or, à Paris, rue du Coq-Saint-Honoré, 13.

Déjà connus fort avantageusement pour la par-fection de leurs ouvrages, MM. Lemonnier pour-raient se contenter de la vogue qu'ils ont acquise si justement ; néanmoins le succès n'a fait que sti-muler leur zèle : aussi remarque-t-on cette année qu'ils exposent des ouvrages d'un genre tout à fait nouveau et n'ayant aucun rapport avec ce qui s'était fait jusqu'à ce jour :

1° Une Corbeille de toute espèce de fleurs imitant parfaite-ment la nature et de grande dimension.

2° La chapelle Saint-Ferdinand, où un grand prince, l'espoir de la France, a rendu le dernier soupir : des médaillons d'enca-drement représentent le mariage, l'intérieur de la famille, et enfin la sépulture royale de Dreux, où reposent les mânes vé-nérées.

3° Un tombeau albâtre recouvert en cheveux, ombragé d'un saule de 1 mètre 15 cent. de hauteur.

4° Un cimetière en relief composé d'une grande quantité de tombeaux d'albâtre ornés de travaux en cheveux qui imitent au naturel des saules, des lierres, et autres arbustes ou arbres qui viennent ombrager ces tombeaux ; ils sont en outre entourés de grilles et de chaînes également en cheveux par un nouveau procédé.

Le mérite de cet ouvrage ne consiste pas seulement dans le travail, dont l'exécution est d'une perfection admirable, mais en-core dans l'harmonie de la composition, qui montre ce cimetière avec ses divers monuments et traversé d'allées que bordent de tous côtés des cyprès toujours en cheveux ; et dans l'une de ces allées on y voit silencieusement s'avancer le convoi d'une jeune fille et celui d'un militaire, portés à leur dernière demeure.

5° Une vue en bas-relief du Père-Lachaise.

6° Enfin divers modèles de chaînes en cheveux, bracelets, tours de cols, épingles-nœuds exécutés avec le goût qui préside à cet établissement.

206. — GANDILLOT, fabricant de FER CREUX, à Paris, rue Bellefond, 32, et dépôt boulevart Bonne-Nouvelle, 32.

Ce fabricant, breveté pour les *tubes à gaz en fer creux*, étirés et soudés à chaud ; pour les conduites d'eau, les calorifères d'eau chaude sans danger d'incendie ; pour les tuyaux à vapeur et le chauffage ou l'évaporation dans les usines; pour les essieux et les rails pour les chemins de fer, est arrivé à établir des ameublements en fer creux aussi riches que s'ils étaient confectionnés par nos plus habiles ébénistes.

Il fabrique des bancs pour promenades publiques. et divers meubles de jardin et d'appartement, tous en fer creux. Il fabrique en outre des lits riches, des couchettes ordinaires et doubles, des chaises, bancs, tables, jardinières, fauteuils, grils, balcons, balustrades, rampes, un nouveau genre de fenêtres, des échelles, et enfin des râteliers de toutes les dimensions.

207. — CARRÉ, pharmacien à Bergerac (Dordogne), et à Paris, chez M. Carré fils, cour Batave, 10.

Expose un MOULE-FILTRE, appareil breveté, au moyen duquel on obtient un filtre parfaitement plissé, et dont le mode de plissage active la filtration en permettant à l'air de circuler facilement.

Cet appareil est surtout précieux pour ceux qui s'occupent de la clarification des liquides, et qui éprouvent des difficultés à faire un filtre. La modicité de son prix doit engager à l'employer, et les résultats n'en sont pas douteux.

208. — DESMARCHELIERS, fabricant de TOILE, à Halluin, département du Nord.

Expose des produits confectionnés par ses soins. Dans le nombre, on remarque plusieurs coupons de toiles fines tissées avec un grand soin et une grande perfection.

209. — LEMOYNE, confiseur, rue des Lombards, 50 et 52, à Paris.

Expose un assortiment de bonbons et diverses pièces en sucre montées par ses soins dans ses ateliers.

210. — LAMY, ferblantier, fabricant de BAIGNOIRES, à Paris, boulevart Beaumarchais, 63.

Se livre particulièrement à la fabrication des baignoires et autres objets en zinc poli. La matière toute spéciale dont il les prépare permet, tout en leur donnant une bonne solidité et de l'élégance, de les maintenir propres avec la plus grande facilité.

211.—POITRAT (V.), auteur de la TENUE DES LIVRES AUTODIDACTIQUE (méthode autorisée par l'Université), à Paris, rue Croix-des-Petits-Champs, 55.

Expose un CALCULATEUR COMMERCIAL, dont le mécanisme simple fait connaître de suite le nombre de jours qu'il y a d'une époque à une autre, et en même tempe l'intérêt à divers taux.

212. — VOLKAERT, DÉCOUPEUR, successeur de M. DUTZCHOLD et fabricant de marqueterie, à Paris, rue Saint-Nicolas-Saint-Antoine, 24.

Les meubles en marqueterie, qui furent si long-temps abandonnés, reviennent peu à peu à la mode. C'est à ce genre de travail tout spécial que se livre M. Volkaert, qui se fait surtout remarquer par les bouquets et les guirlandes de fleurs en bois de couleur qu'il est arrivé à découper et à incruster avec une grande perfection dans d'autres bois de couleur différente. Les produits exposés montrent tout le parti que l'ébénisterie pourrait aujourd'hui retirer d'un genre de marqueterie fait purement et avec bon goût.

Il expose en outre dans un cadre divers objets déjà anciens pour prouver la solidité des couleurs de ses bois. Il y a de ces objets qu'il avait déjà mis à l'exposition de 1842.

215. —DELNEF, fabricant de *pâte de réglisse* et de *pâte pectorale*, à Paris, rue de la Poterie-des-Arcis, 22, près la rue de la Verrerie.

M. Delnef fabrique chaque année une immense quantité de pâte de réglisse, qu'il met sous toutes les formes et enjolive de toutes sortes d'empreintes. Il expose un assortiment de ses divers produits, que plusieurs médecins ont recommandés avec succès dans quelques affections légères de poitrine et des bronches. M. Delnef prie le public de ne pas confondre ses produits avec ceux de quelques fabricants qui cherchent à les imiter.

Il doit la netteté de ses découpures à un coupe-pâte de son invention.

214.—PIGEAULT, fabricant de *cirage*, rue des Vieux-Augustins, 53, à Paris.

Fabrique 1° du cirage pour chaussures; 2° du cirage sans acide pour harnais ; 3° du cirage-vernis également sans acide.

Ce cirage est fabriqué à l'huile et à l'esprit-de-vin, et convient parfaitement aux chaussures : car, tout en leur donnant un brillant incomparable, il ne les altère jamais, et se prête à merveille à leur conservation.

215.—LEBAILLY, pâtissier, ayant perfectionné les BISCUITS DE SAVOIE, breveté de S. M. la REINE, à Paris, rue Saint-Denis, 335.

Ses biscuits se distinguent par leur grande facilité à la digestion; ils conviennent mieux que tout autre aux estomacs faibles, aux jeunes enfants, ainsi qu'aux personnes en convalescence. Malgré leur parfum et leur finesse, que, jusqu'à ce jour, on n'avait pu obtenir par les procédés ordinaires de fabrication, le nouveau procédé de M. Lebailly le met à même de les vendre à 30 p. 100 meilleur marché que tous ceux vendus jusqu'à ce jour, car il livre les biscuits à la cuillère à 2 fr. le demi-kilo, ce qui se vend 3 fr. le demi-kilo dans toutes les autres maisons.

Il en est de même en proportion pour les autres biscuits.

216.—SOHN, statuaire à Paris, rue Royale-Saint-Honoré, 25.

Fabrique et expose divers objets d'art et de sculpture, en composition plastique, durcie et obtenue par des procédés particuliers dont il est l'inventeur. Au nombre des objets exposés on remarque :

1° BAS-RELIEF ALLÉGORIQUE en l'honneur de S. A. R. Monseigneur le prince de Joinville, sur le dernier fait d'armes de Tanger et de Mogador; *dédié* à S. M. la reine, et accepté par elle.

2° Collection de bas-reliefs anciens, différentes imitations.

3° Plusieurs objets pour monter des *imitations de bois, marbre, camée, ivoire* sans peinture.

217. — CHAUMÉ (Ch.), ingénieur en machines, rue Lombard, 28, aux Thernes, hors la barrière du Roule, à Paris.

Expose :

1° Le modèle au 20ᵉ d'un *remorqueur* pour les canaux. Il est mû par l'air des masses d'eau propres à lui imprimer une vitesse de 4 à 20 kilomètres à l'heure sans nuire aux berges. Il n'a ni cheminée, ni aubes, ni machine coûteuse.

2° Le modèle au 10ᵉ d'un fourneau de fusion du fer, offrant des avantages importants qui sont obtenus sans cheminée ni soufflerie mécanique.

3° Un cadre renfermant l'ensemble d'une fabrique dans laquelle on peut obtenir tout le sucre contenu soit dans la canne, soit dans la betterave.

M. Chaumé reçoit MM. les industriels le jeudi, depuis 8 heures jusqu'à 4. Ils voient fonctionner chez lui sa machine *directement rotative*, destinée aux locomotives des chemins de fer ; son appareil à élever rapidement de grandes masses d'eau, soit pour obtenir un moteur, soit pour faire mouvoir les roues hydrauliques dans les usines privées d'eau une partie de l'année.

218. — LEMAIRE et CHIFFARAT, fabricants de pompes à soufflet, à Paris, quai de Jemmapes, 200, au coin de la rue des Récollets.

POMPES dites SOUFFLETS HYDRAULIQUES.

Médaille d'honneur en argent.

Ce nouveau système, honoré d'une médaille d'argent, s'applique avec un égal succès aux épuisements de toute espèce, à tous les usages domestiques, et comme pompes à incendie.

Il se recommande à la sollicitude du gouvernement pour son emploi à bord des vaisseaux de l'état ; à MM. les armateurs et capitaines des bâtiments du commerce, qui apprécieront un appareil que nul corps étranger ne peut paralyser, et qui aspire et refoule avec une égale facilité les eaux chargées de vase et de sable.

Son débit est illimité ; prenant sa capacité dans l'évasement des cuvettes, il peut donner depuis un litre jusqu'à cent litres par oscillation.

Comme pompes à incendie, MM. les préfets et MM. les maires verront avec intérêt des pompes à incendie d'une telle simplicité, que le bourrelier du moindre village pourra y faire toutes les réparations que des accidents imprévus pourraient y occasionner.

Sa manœuvre est la même que celle des pompes en usage à Paris.

Il se recommande aux propriétaires pour les services divers d'une maison, aux cultivateurs et maraîchers pour l'arrosage de leurs terres avec des eaux plus ou moins chargées d'engrais liquides.

Le **SOUFLET HYDRAULIQUE** a l'avantage de pouvoir s'adapter facilement et sans frais à toutes sortes d'armatures et de communications de mouvements.

219.—RUDOLPHI, successeur de M. Wagner, orfèvre-bijoutier à Paris, rue du Mail, 11.

Honoré, comme son prédécesseur l'avait été antérieurement, de la médaille d'or à l'exposition nationale de 1844, il continne à fabriquer la riche orfévrerie, la bijouterie de fantaisie, la joaillerie, la sertissure des pierres fines, et la monture de tous les objets d'art. Aussi trouve-t-on toujours chez lui de grands assortiments de haute bijouterie dont il expose plusieurs échantillons, savoir :

Une pendule surmontée d'un groupe de deux seigneurs du moyen âge se battant en duel (corps en perles).

Un pot et un plat en argent repoussé.

Une épée pour armée de terre, et une pour la marine.

Deux bouts de table ciselés.

Deux vases émaillés enrichis de pierres fines.

Divers coffrets et encriers richement montés avec pierres et perles fines.

Deux coupes montées avec pierres et perles fines.

Assortiment de bijoux renaissance et moyen âge.

Tabatières dites russes, et plateaux ciselés.

220. — HEILIGENTHAL, fabricant d'ornements en *mastic-pierre*, à Strasbourg, et à Paris, chez M. Roussel, rue Michel-le-Comte, 18.

Le bon goût, la hauteur des reliefs et la solidité des *chapitaux en mastic-pierre* exposés, prouvent que cette fabrique de province peut entrer en concurrence avec les maisons de Paris qui confectionnent le mieux ce genre de produits.

221. — FESSART, inventeur *d'appareils de chauffage pour salle à manger*, à Paris, boulevart Beaumarchais, 63.

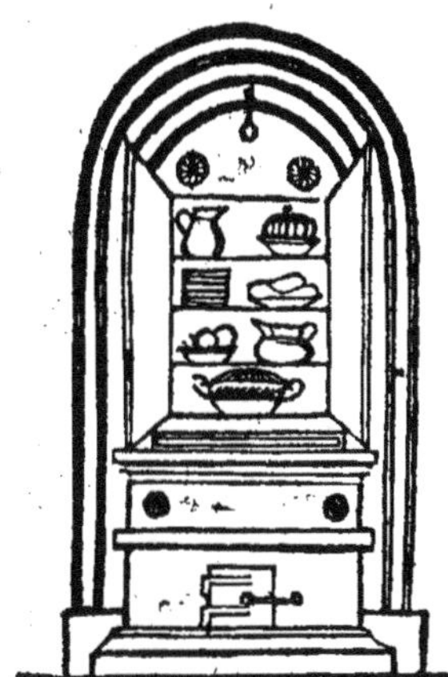

L'INDISPENSABLE.

Chacun a pu remarquer à l'exposition de 1844 l'appareil que **M.** Fessart nomme *l'indispensable*, et qu'il soumet encore aujourd'hui au jugement du public. C'est un appareil de chauffage en hiver pour salle à manger, et qui . en été, peut servir de rafraîchissoire.

Pour les commandes il faut s'adresser chez **M.** Fessart, boulevart Beaumarchais, n° 63.

222. — NEUBER, fabricant d'instruments de précision et de MACHINES A GRAVER, à Paris, rue Sainte-Avoye, 14.

Se livre à la fabrication toute spéciale des MACHINES A GRAVER, des *pantographes en cuivre*, des *mécaniques et modèles en métaux*, des pointes en acier et des diamants pour la gravure.

Il expose un tableau contenant divers résnltats des machines et tours à graver qui se fabriquent dans ses ateliers.

223. — PIMONT aîné, fabricant d'INDIENNES, à Rouen, Seine-Inférieure.

Expose des indiennes fabriquées dans ses établissements, toutes remarquables par le bon goût et la netteté des dessins, et par la vivacité et la bonne harmonnie de leurs couleurs.

224. — PINARD, fabricant de LAQUES et TOLE VERNIE, à Paris, rue Saint-Martin, 172.

Fabrique et expose divers objets de fantaisie en laque, ainsi que des plateaux en tôle vernie.

5

225. — BARBAZAN (Jules), propriétaire et maître de forges, fournisseur de la manufacture royale d'armes de Tulle, à Lagrénerie, commune de Salons, département de la Corrèze, et à Paris, chez **M. Merlin**, rue Richelieu, 67,

FORGES et HAUTS-FOURNEAUX.

Expose divers échantillons de **fer** *plié, coupé* et *cassé* **a froid**, résultant de la fabrication journalière et ordinaire des usines de M. Barbazan.

226.—BAUVE, fabricant breveté des *chandelles-gaz*, à Paris, rue du Faubourg-Montmartre, 174, maison *Despretz*.

Se livre à la fabrication spéciale des chandelles connues tout particulièrement sous le nom de *chandelles-gaz*. Cette espèce de chandelle est fabriquée avec du suif préparé par des procédés nouveaux, découverts et appliqués par M. Bauve, qui seul a le privilége de cette fabrication. Cette chandelle, aussi belle que la bougie, a sur la chandelle ordinaire l'avantage de donner une flamme blanche et pure, de ne pas fumer, et de ne répandre aucune odeur désagréable. Sa consistance est tellement grande, qu'elle peut supporter une haute température sans se fondre; aussi convient elle spécialement pour l'exportation. Sa durée étant de une à deux heures de plus que celle de chaque chandelle ordinaire, on peut assurer que son usage pour le consommateur est tout aussi économique sans en avoir les inconvénients.

227. — BERTAUTS, imprimeur lithographe, à Paris, rue Saint-Marc, 14.

Expose divers échantillons de ses travaux lithographiques qui concernent spécialement les arts, le commerce et les administrations.

228. — CHAULIN, fabricant papetier, breveté du roi, admis aux expositions des produits de l'industrie française en 1839 et 1844, rue Saint-Honoré, 218, au coin de la rue Richelieu, 78, près le Palais-Royal.

ENCRIER SIPHOIDE CHAULIN.

Papeterie de luxe et de bureaux. — Mention honorable à l'exposition de 1839.

Extrait du rapport du jury central de l'exposition des produits de l'industrie française en 1839.

« M. Chaulin, dont tous les produits sont remarquables par leur
» bonne fabrication, expose un encrier Siphoïde qui a eu un grand
» succès dans le commerce, parce qu'il remplit parfaitement le
» but auquel il est destiné; les personnes qui l'ont employé lui
» rendent justice. M. Chaulin en a varié les formes et les prix
» de manière à le mettre à portée de toutes les bourses. » (T. III,
p. 441.)

Une médaille d'honneur en argent a été décernée en 1839 à l'encrier Siphoïde par l'Académie de l'industrie.

L'encrier Siphoïde de M. Chaulin est le seul qui ait obtenu du jury central de l'exposition une mention honorable. Aucune médaille n'a été décernée par le jury, aucune mention honorable n'a été accordée à d'autres encriers.

L'encrier Siphoïde-Chaulin, reconnu supérieur à tous les autres, a obtenu les rapports les plus favorables de plusieurs sociétés savantes et industrielles, qui ont déclaré, après examen et comparaison, que c'était le meilleur de tous les encriers. L'encre s'y conserve toujours fluide et claire, sans exiger ni soin ni entretien. Cet encrier convient également aux personnes qui écrivent peu et à celles qui écrivent beaucoup.

Le Siphoïde-Chaulin est en cristal, sans aucun de ces mécanismes si sujets à se déranger, et dont le moindre inconvénient est de mettre l'encre en contact direct ou indirect avec un métal quelconque qui la détériore et la décompose.

L'encrier Héraldique avec Siphoïde est dans son genre ce qu'il y a de plus élégant et de plus distingué. On peut y adapter la couronne que l'on désire. Les modèles établis par M. Chaulin avec supports de lions, de lévriers et autres, ayant été déposés, il serait en droit de s'opposer à leur reproduction; mais les imitations sont faites de manière à ce que les modèles de M. Chaulin ne peuvent que gagner à la comparaison.

M. Chaulin expose sous le même numéro deux cadres contenant des papiers de fantaisie décorés avec filets, armoiries, initiales et couronnes; plus le *papier hebdomas*, semaine complète dans laquelle chaque jour a son époque, ses personnages, ses costumes. La délicatesse du travail, le bon goût et l'élégance des modèles, dont le nombre a été limité par l'emplacement, justifient la préférence accordée aux magasins de M. Chaulin, que le monde fashionable honore toujours de son patronage.

M. Chaulin réunit en outre tout ce qui est relatif à la papeterie et à fourniture des bureaux. Il tient aussi une fabrique de registres perfectionnés, et de papiers à lettres glacés, à des prix très avantageux, ainsi que des enveloppes glacées à 1 fr. le cent.

Son nouveau polygraphe offre à la fois économie, promptitude et exactitude, pour écrire en même temps la lettre et la copie et en obtenir deux et trois copies.

Spécialité pour les écritoires en cristal, faïence, porcelaine, bois, marbre, bronze, velours, avec ou sans garnitures.

Nouvelles presses à copier les lettres. . . .   5 fr.
Id.   garnis avec ivoire.   10

229.—KENT-PÉCRON (A.), plombier, fabricant du METAL BRITANNIQUE, breveté sans garantie du gouvernement, rue de la Lampe, 9, à Boulogne-sur-Mer ; et à Paris, chez M. V. Saglier, rue Montmartre, 119.

Expose :

Théières, cafetières, pots à crème, et autres objets en alliage connu sous le nom de *métal britannique.*

Ces objets d'utilité première présentent, à cause de leur durée, l'avantage d'une économie sensible sur les vases de porcelaine destinés aux mêmes usages. L'exposant a réussi à naturaliser en France cette industrie, pour laquelle nous avons été jusqu'ici, presque exclusivement, tributaires de l'Angleterre. Déjà, à l'exposition générale de 1844, le jury a distingué honorablement ses produits, et, cette année, il ose espérer que pour l'éclat et la solidité de métal, comme pour le fini du travail, ils pourront soutenir la comaraison avec ce que l'industrie étrangère produit de plus parfait.

250.—TROUILLET, fabricant de pâte végétale savonneuse, à Montreuil-sous-Bois (Seine) ; et dépôt à Paris, chez M. Delnef, rue de la Poterie-des-Arcis, 22.

M. Trouillet, qui s'occupe depuis dix années des applications industrielles de la botanique, vient d'arriver à pouvoir composer une pâte purement végétale, propre à remplacer avec succès tous les savons, tant pour la barbe que pour la toilette.

251.—D'ORIGNY, DENTISTE, à Paris, place du Palais-Royal, 225.

Expose un tableau contenant des dentiers et des pièces partielles. Toutes ces pièces doivent recommander assez par elles-mêmes ce dentiste auprès du public.

232. — PORQUET, armurier, à Pontoise, et à Paris, chez M. GODET, armurier, rue Saint-Lazare, 124.

Fabrique particulièrement les fusils de chasse et carabines de précision. Il expose :
Deux carabines de précision, un fusil à quatre coups, et trois fusils doubles de chasse.
Ces armes sortent de ses ateliers, où elles ont été confectionnées par ses soins. L'on doit remaruuer surtout la richesse des carabines de précision, qui lui ont mérité des éloges de la part des connaisseurs. Il en est de même de ses fusils, dont la bonne confection lui mérite depuis long-temps la confiance des chasseurs.

233. — METFREDERQUE, breveté sans garantie du gouvernement, peintre-vernisseur, à Paris, rue de la Pépinière, 58.

Ce peintre, qui a obtenu de l'Académie de l'industrie des médailles de bronze et d'argent pour ses fontes vernies, expose divers vases en terre cuite imitant la ;laque de Chine, et toutes les nuances de porcelaine du Japon.

234. — FENESTRE et GUITTON, fabricants de CIRAGE, à Paris, rue des Vieux-Augustins, 58.

Fabriquent et exposent du CIRAGE pour *chaussures*, et du CIRAGE SANS ACIDE pour *harnais;* produits qui ont obtenu une mention honorable à l'exposition nationale de 1839.

235. — SAJOU, dessinateur, fabricant de *dessins de tapisserie*, breveté de S. M. la Reine et de S. A. R. Madame la duchesse d'Orléans, à Paris, rue de la Barillerie, 17.

Les dessins qu'il expose justifient les titres dont il est honoré, et les médailles d'argent et de bronze qui lui ont été décernées. Leurs prix sont infiniment au dessous de ceux des dessins de Berlin, quoique leur exactitude leur soit véritablement supérieure, leur trait plus régulier et l'entente des couleurs mieux ordonnée.

236. — CRÉMER, artiste en MARQUETTERIE et MOSAÏQUE, médaille d'honneur des expositions

1839, 1843, 1844, à Paris, rue Lacasse, 7, près les entrepôts.

Expose deux TABLEAUX EN MOSAÏQUE, savoir : savoir : Le *Couvent de Dominicains*, templier recevant des secours, d'après le tableau de Rondé, peint en 1843; l'*Hermite sans souci*, d'après le tableau de Vien, peint en 1750.

Ces deux mosaïques sont les seules qui ont été faites sur une aussi grande échelle jusqu'à ce jour et qui imitent la peinture à s'y méprendre.

Nos anciens marqueteurs ont voulu imiter la peinture, et il nous reste encore quelques vestiges de leurs ouvrages imparfaits; mais, soit faute des maîtres, soit faute des matières mal employées ou mal teintes, il n'en est pas moins certain que leurs ouvrages n'offrent aucune vigueur et sont grossièrement faits.

257. — LECOCQ et Compagnie, fabricants-inventeurs de CALORIFÈRES, à Paris, boulevart Bonne-Nouvelle, 26.

Inventeurs brevetés pour 15 années sans garantie du gouvernement, ils fabriquent des CALORIFÈRES *conservateurs du calorique* offrant 90 p. d'économie, employés au chauffage des compagnies du chemin de fer du Nord, de Rouen et d'Orléans, de l'Imprimerie Royale, de la Bibliothèque du Jardin du Roi, de divers Hôpitaux, de Colléges royaux, d'Ecoles, de Théâtres, etc., etc. Ils ont obtenu une médaille en 1844.

Ils fabriquent aussi des ornements mobiles en cuivre estampé, pour décors d'appartements, de cafés et de théâtres, etc., etc; les salles de l'Opéra-Comique, du Cirque-National des Champs-Elysées, des théâtres de Nantes, de Toulouse, de Bruxelles, etc., attestent l'éclat et l'extrême solidité de ce genre de dorure, qui leur a mérité des médailles d'argent aux expositions nationales de 1834, 1839 et 1844.

258. — JACOMY-RIGAL et Compagnie, fabricants brevetés de *pompes* et de *machines hydrauliques*, à Paris, rue Fontaine-au-Roi, 54.

Viennent d'agrandir, sous les auspices des corps savants, leurs ateliers, où ils fabriquent journellement des *pompes domestiques et rurales*, des pompes *châtelaines* ou de luxe, et pouvant servir non seulement à l'alimentation ds jets d'eau, mais à éteindre les incendies. Leur nouvel outillage vient de leur permettre de les tarifer à des prix très modérés.

Leurs jeux d'eaux, applicables aux divers jets d'eau des bassins, forment de très jolis effets dans les jardins. Ainsi l'on peut citer leur jet de boule, leur corbeille, leur miroir, leur vasque, leur roue emplumée, leur moulinet à aigrettes et leur cloche.

239.—LUCQUIN, entrepreneur de MENUISERIE, à Paris, rue du Faubourg-Saint-Denis, 93.

Il fabrique un nouveau système de **PARQUET** dont il est l'inventeur, et pour la propriété duquel il a pris un brevet de quinze années. Ce parquet, qui a obtenu une médaille à l'exposition de 1844, présente dans le nouveau système de sa coupe et de sa pose, de véritables avantages de beauté et d'amélioration ; il offre en même temps non seulement la plus grande variété dans les bois, mais encore une disposition qui l'empêche de se tourmenter comme celui de l'ancien système. Enfin leurs prix sont des plus modérés.

240. — JOURDAIN, *tapissier*, fabricant breveté des *sommiers Jourdain*, construits tout en fer, à Paris, boulevart Saint-Denis, cité d'Orléans, 5.

Ces sommiers, infiniment supérieurs à tout ce qui s'est fait jusqu'à ce jour, ont, entre autres avantages sur les anciens sommiers, ceux d'être plus agréables au coucher, de ne pouvoir être attaqués des vers, de n'avoir jamais besoin d'être rebattus, et de conserver toujours la même forme et la même élasticité.

Il en établit aussi d'analogues par un procédé légèrement modifié, qu'il peut donner à des prix beaucoup plus modérés.

241.—CHOLLET, bottier, inventeur de BOTTES SANS CAMBRURE, à Versailles.

SOULIER-GUÊTRE DÉJA EXPOSÉ EN 1844.

Cette chaussure offrirait pour l'infanterie les avantages suivants :

D'empêcher la poussière et l'eau de pénétrer dans l'intérieur du soulier ; d'éviter la présence des nombreux œillets, lacets et sous-pieds généralement en usage dans les guêtres.

Trois boucles suffisent pour le fermer hermétiquement, et, par conséquent, l'on peut se chausser avec promptitude, même dans l'obscurité.

Le prix de cette chaussure, confectionnée par les ouvriers militaires, est de   7 fr. 50 c.

Cette guêtre peut aisément supporter quatre ressemelages et deux remontages, de sorte qu'avec trois paires de cette chaussure un soldat pourrait aisément faire un congé.

Le prix de ces remontages, n'ayant qu'une empeigne et la semelle à fournir, serait de   4 fr.

BOTTES NON CAMBRÉES A L'USAGE DE LA CAVALERIE.

· Le prix de cette chaussure offrirait une économie considérable pour l'armée, puisque, avec les ouvriers militaires, on peut confectionner les grandes bottes pour   13 fr. 50 c.

(Ces bottes sont payées par l'État 16 fr. 50 c.)

Les petites bottes   9 fr. 50 c.

(Elles sont payées par l'État 12 fr. 50 c.)

Les remontages, sans démonter le talon ni l'éperon   5 fr.

Les remontages complets.   6 fr.

(Sont payés par l'État 8 fr. 50 c.)

Il fabrique et expose des bottes ordinaires et surtout des BOTTES DE CAVALERIE *sans cambrure*, et dont le cambrage du cou-de-pied s'opère par la jointure de la tige avec l'avant-pied et à mesure que la couture se confectionne.

Cette botte, toute terminée, présente aussi l'avantage de pouvoir être remontée jusqu'à six fois avant d'atteindre le talon, et sans démonter l'emboitage et l'éperon, ce qui ne se fait pas ordinairement, attendu que les trous formés par la pose de l'éperon obligent le changement du contrefort ; ce qui n'anra pas lieu par ce dernier moyen ; de même que ladite botte peut, ainsi que celles ordinaires, être ressemelée avant le remontage.

Cette botte, ayant sa couture sur le devant de la jambe, présente aussi l'avantage de ne pas blesser le cavalier sur les chevilles, avantage que les autres n'ont pas, ayant leurs coutures sur les côtés.

Du reste, cette botte peut être, ainsi que les autres, de la force et de la hauteur que l'on veut.

On remarque dans la façon de ce genre de bottes, que la tige est coupée à plat cuir ; que cette tige peut être coupée de quatre grandeurs différentes sans présenter la perte qu'offrent les tiges toute cambrées prises chez un corroyeur et qui sont toutes coupées sur le même modèle ; que l'avant-pied est aussi coupé à plat cuir ; il en résulte que la tige, ployée en deux, peut être jointe à l'avant-pied, et que l'avant-pied, ployé aussi en deux, peut être joint à la tige. La bride servant au cambrage du derrière de la tige est fixée à la pointe de l'avant-pied, ainsi que le font tous les bottiers qui s'en servent pour coller leur contrefort avant le piquage de ce dernier pour les bottes ordinaires.

Le contrefort, placé à l'intérieur et piqué ainsi qu'aux bottes ordinaires, est seulement plus allongé, de manière à consolider la jointure de l'avant-pied avec la tige ; et la paillette placée à l'intérieur est piquée en dedans et au dehors pour consolider la jointure du cou-de-pied avec l'avant-pied et la tige.

242. — **JACQUAND père et fils, fabricants de cirage à Lyon, rue de la Reine, 43, et à Mar-**

seille ; entrepôt général à Paris, rue Saint-Denis, 276.

MM. Jacquand, brevetés d'invention et de perfectionnement sans garantie du gouvernement, pour leur *cirage onctueux* et leur *cirage vernis*, et pour celui qu'ils nomment *conservateur de la chaussure* et des harnais, ont été honorés, à l'exposition nationale de 1839, d'une médaille de bronze, la seule accordée à cette industrie, et, à l'exposition nationale de 1844, d'une nouvelle médaille de bronze.

Ces messieurs, indépendamment de la grande quantité de cirage qu'ils livrent au commerce et à l'exportation, fournissent en outre la majeure partie des régiments de notre armée ; ils le doivent à la beauté de leur cirage, à sa qualité conservatrice du cuir, et au bon marché dû à l'emploi d'une machine à vapeur.

Ils vendent leur cirage onctueux dans des boîtes carrées en sapin, recouvertes d'une feuille d'étain et de leur étiquette. Il est en pâte, préparé avec des matières onctueuses qui donnent à la chaussure une souplesse vraiment extraordinaire et en augmentent la durée. L'économie de son emploi est remarquable par la petite quantité nécessaire pour obtenir promptement un magnifique brillant. Dix centimes de cirage par mois suffisent pour cirer une paire de souliers deux fois par jour.

La dépense, dans les régiments où il est en usage, ne s'élève pas au dessus de huit centimes par mois pour chaque homme.

243. — DASSONVILLE (F.), tourneur en mécanique et fabricant de TEMPES, à Armentières, département du Nord.

Expose un petit appareil pour les métiers de tissage auquel il a donné le nom de *tempe à pression*, et qui est destiné à maintenir la largeur des tissus pendant qu'on les tisse.

244. — JOANNES, inventeur d'une nouvelle CLEF ANGLAISE, à Void, département de la Meuse.

Expose une nouvelle *clef anglaise*, à laquelle il donne le nom de CLEF FRANÇAISE. Elle est propre à remplacer huit outils différents ; ainsi elle peut servir de clef pour les écrous, de marteau, d'équerre, de règle, de pince à enlever les pointes, d'un tiers de mètre, d'un taraud et de filière.

245. — MILON-MARQUANT, fabricant de *tissus en laine fine*, à Beine, département de la Marne.

Fabrique des voiles et batistes laine de la dernière finesse avec

5.

des chaînes filées à la main. Au lieu des voiles de laine extra-fins de 55 centimètres de largeur qui lui valurent une mention honorable à l'exposition nationale de 1839, il expose un voile extrafin, mousseline laine extra-fine, ou coupon de 8 mètres, tout laine, pesant 335 grammes, tissé avec de la filature de 400 mèt. au kilogramme.

246. — LAUDE aîné, fabricant de sommiers élastiques, breveté du roi sans garantie du gouvernement, fournisseur des hôpitaux, rue de Vendôme, 12, et rue de Choiseul. 3, au rez-de-chaussée.

Ces sommiers, dits sommiers, parisiens ont, entre autres avantages remarquables, celui que tout le travail intérieur, qui constitue la qualité du coucher, est entièrement visible à l'œil de l'acheteur, et que l'on peut s'assurer par soi-même des soins qui ont été apportés à leur confection.

PORTE-LITERIE-LAUDE AINÉ.

Ce porte-literie, également breveté, a pour avantage d'être mobile, de contenir facilement un coucher complet composé d'un sommier élastique, un matelas, un oreiller, un traversin, draps, couvertures, et roulant avec la facilité d'un fauteuil, et pouvant être transporté par une seule personne en passant par les plus petites portes, enfin pouvant disparaître entièrement de la pièce dans laquelle on désire coucher.

247. — ROTH (FIDÈLE), pharmacien, Grande-Rue, 17, à Strasbourg, inventeur et fabricant de SAVONS.

Ce savon, propre à la teinture, a une légère teinte grise d'une faible odeur qui rappelle celle du suif. Il est plus économique et produit de meilleurs effets que le savon blanc.
Il fabrique aussi d'autres espèces de savons qu'il fabrique pour l'usage des ménages et pour le foulonnage des draps.

248. — FAUCHER, fabricant de chaussons à Paris, rue Saint-Martin, 10.

Fabrique et expose un métier de son invention pour fabriquer les chaussons en cordonnet ou lacet.

249. — GOBERT et Compagnie, brevets d'invention, d'addition et de perfectionnement, sans garantie du gouvernement, pour les ENCRIERS ARTÉSIENS; fabrique à Boissy-Saint-Léger ; dépôt rue Porte-Foin, 12, à Paris.

Ces ENCRIERS se recommandent tant par leur forme simple et élégante que par leur grande utilité.

L'Encre ou le carmin, hors de contact avec l'air, y conserve toujours sa limpidité sans jamais s'y altérer.

Il est le seul des Encriers connus qui conserve pendant une longue DURÉE L'ENCRE DE CHINE A L'ÉTAT LIQUIDE.

250. — FOURCHET, fabricant de sabots, à Thiron-Gardais, département de l'Eure.

Met sous les yeux du public, à cette exposition, divers échantillons de sabots taillés et etablis dans de nouvelles formes Tout en réunissant l'élégance à la solidité, ils sont d'une telle légèreté, qu'on peut les porter avec autant de facilité que des bottes; avantages qui permettent de faire usage au profit de la santé de ce genre chaussure, qu'on peut en outre cirer et tenir propre, de manière à les faire prendre pour de véritables bottes.

251. — LAINÉ, fabricant de *cartons de bureau*, à Paris, rue du Maure, 6, l'entrée principale par la rue Saint-Martin, 96.

Fabrique et expose des cartons de bureau et de magasin d'une nouvelle invention, plus solides et moins chers que les anciens, ce qui lui est permis d'obtenir au moyen de son nouveau procédé pour couper les feuilles de carton.

Par suite de son changement de domicile et grâce à l'agrandissement de ses ateliers, il peut actuellement répondre à toutes les demandes qui lui sont adressées.

252. — LEMAITRE-DEMEESTÈRE, fabricant de TOILES, à Halluin, prés Lille, département du Nord.

Présente à cette exposition plusieurs pièces de TOILES FINES, qui pourront faire apprécier convenablement le soin avec lequel il sait travailler, et les beaux résultats qu'il sait obtenir.

253. — KARL-HAUDER et ANDRÉ, rue des Amandiers-Popincourt, 40 bis.

Exposent une armoirie de la famille Champagné-Giffart, exécutée dans le style du quinzième siècle; et six sujets grisailles avec bordures et ornements rouges et jaunes transparents.

MANUFACTURE DE PEINTURE VITRIFIÉE sur verre; vitraux d'églises et de chapelle anciens et modernes; portes et fenêtres d'ARMOIRIES, style héraldique; sujets grisailles avec ornements de couleurs transparentes sur une seule feuille de verre, pour salles à manger, antichambres, chambres, cabinets de chasse, estaminets, cabinets de bains, et généralement pour l'ornementation de riches appartements.

254. — EDMOND FLY, fabricant de conserves alimentaires végétales en tout genre, à Paris, rue Feydeau, 30.

Fournisseur breveté de S. A. R. monseigneur le prince de Joinville, approuvé par la Société d'encouragement, en 1839, sur le rapport du docteur Herpin, admis à l'exposition de 1844. Cet établissement, créé depuis huit années, est spécial et unique dans son genre ; ses produits ne se trouvent nulle part ailleurs, à moins qu'ils n'en proviennent, et, dans ce cas, un cachet de cire verte qui bouche les flacons indique leur origine. M. Fly fait une nouvelle composition de son invention contenant vingt-quatre espèces de légumes conservés dans un vinaigre aux aromates, les seules conserves de ce genre susceptibles de se garder plusieurs années à toute température sans la moindre altération. M. Fly fait également toutes sortes de conserves de fruits en compote, confits et à la vapeur, etc., etc., et les fleurs pralinées d'orange, de violette et de rose, d'une nouvelle manière. Il fait aussi une nouvelle composition d'un encaustique-vernis pour toutes sortes de meubles, plus facile à employer que tout autre, et ne laissant aucune odeur ; fonce le bois, et lui donne l'éclat d'un bois neuf vernis. —Rue Feydeau, 30, provisoirement.

255. — FADIÉ, fabricant de serrurerie, à Paris, rue du Faubourg-Poissonnière, 128.

Ce fabricant expose un mode nouveau de fermeture, qui donne de grandes facilités et présente une grande sûreté.

256. — LEPRINCE (Henri), mécanicien, pompier-fontainier, à Paris, rue Louvois, 12.

Fabrique et expose un nouveau genre de GARDE-ROBES hydrauliques inodores, dont il est l'inventeur.

257. — CHANUEL, fabricant de REPOUSSÉS, à Paris, rue Rambuteau, 23.

Expose des échantillons de son talent pour le repoussé au marteau, son bas-relief repoussé et ciselé, représentant la princesse Marie travaillant à sa statue de Jeanne-d'Arc, et d'une pièce qui mérite l'attention des artistes et des amateurs.

258. — VILLEMSENS, fabricant de bronzes, à Paris, rue Sainte-Avoye, 57.

Fabrique surtout les bronzes de piété, ainsi que tous les autres bronzes de luxe. Ainsi, il expose des vases, des chandeliers, des candélabres et des lampes d'église, en bronze, remarquables par leur bon goût et la beauté de leur travail.

259. — COQUERIAUX, fabricant de fourneaux, à Paris, rue Saint-Germain-l'Auxerrois, n. 27.

Ses fourneaux à usage de *restaurateurs, limonadiers, charcutiers, maisons bourgeoises*, et pour le chauffage des fers des blanchisseurs, chapelliers, tailleurs, dégraisseurs. Il fabrique aussi des calorifères de tous genres, cheminées à la prussienne, poêles flamands, et généralement tous les articles de chauffage ; il tient un assortiment de fers à repasser et de carreaux de tailleurs, ainsi que des chaudières portatives pour couler la lessive.

260. — LE PETIT, fabricant de chaux à Ingouville, près le Havre. Etablissement à Sanvic, Graville, Saint-Martin-du-Manoir.

Fabrique de la chaux hydraulique dont il expose les échantillons suivants :

Nº 1. CHAUX HYDRAULIQUE *naturelle*, fabriquée avec la pierre se trouvant par bancs dans la mer, sous les falaises de Saint-Adresse et Bleville, près le Havre.

L'exposant, après cinq ans de recherche dans les départements de la Seine-Inférieure et de l'Eure, finit par découvrir que la pierre calcaire appelée plomb de la Hève faisait d'excellente chaux hydraulique ; pour arriver à ce résultat, il fit jusqu'à quinze fournées d'expériences, et changea six à sept fois le système des fours. La chaux hydraulique valait au Havre en 1837 55 à 60 fr. le mètre cube ; aujoud'hui la chaux, système le Petit, se vend 25 à 26 fr. le mètre, rendu à pied d'œuvre, distance de 1 à 3 kilomètres ; 160 personnes, 40 chevaux, sont employés aujourd'hui à cette fabrication ; 20,000 hectolitres de houille s'y consument annuellement dans dix fours de 25 à 30 mètres de contenance.

C'est, en un mot, une industrie considérable créée par l'exposant. La Société libre d'émulation de Rouen a décerné une grande médaille d'argent pour cette création (6 juin 1844).

Nº 2. CHAUX GRASSE de l'établissement de Saint-Martin et Graville. Les fours sont à longue flamme, alimentés par de la houille anglaise. Avant l'établissement des fourneaux cuisant avec ce système (introduit par l'exposant), adopté en 1836, les fours à chaux étaient alimentés avec du bois en bourrée ou fagots. La chaux valait à cette époque 36 fr. le mètre cube ; aujourd'hui elle ne vaut plus que 25 fr.

Nº 3. CHAUX SEMI-HYDRAULIQUE, cuite avec trois sortes de houille fine, si on le désire, ou avec une seule espèce. Système nouveau, mixte, à flamme courte, inventé par l'exposant en 1845, au mois de mai dernier, dans ses fours. Il peut fabriquer par chaque jour dix mètres cubes de chaux, et, s'il n'en a besoin que de deux mètres, il peut restreindre la fabrication à ce nombre, et vendre la chaux 15 fr. le mètre cube, pris au four.

261.—NOUALHIER, fabricant de porcelaine, passage des Panoramas, galerie des Variétés, 5, à Paris.

Ce fabricant, dont les ateliers sont à Sèvres, expose différents vases en PORCELAINE *galvano-cerame.*

Tous ces vases, à l'usage de la cuisine et de la chimie, peuvent soutenir tel feu que ce soit sans courir le danger de casser ; ils réunissent la solidité du cuivre et la salubrité de la porcelaine.

262. — JAULIN (Julien), facteur de CONCERTINA, rue du Faubourg-Saint-Martin, 59, à Paris.

Parmi tous les instruments à anches qui ont paru jusqu'à ce jour, aucun n'était aussi léger ni aussi gracieux, et n'offrait autant de ressources que le *Concertina.* Son clavier est facile ; il contient 4 octaves chromatiques d'étendue, ce qui semble extraordinaire dans un si petit instrument.

263. — TINET, fabricant de *porcelaines*, à Montreuil-sous-Bois, et pour la vente en gros et en détail, à Paris, rue du Bac, 29.

Le succès toujours croissant qu'obtiennent chaque jour les produits de cette maison lui ayant permis une grande extension dans ses moyens de fabrication, elle est en mesure de livrer dès à présent, et dans le plus bref délai, toutes les demandes qui lui seraient adressées conformément à ses modèles, ou d'après tout autre qu'on lui remettrait.

Ses imitations chinoises et japonaises, dont elle expose plusieurs échantillons, et dont la modicité du prix a rendu toute concurrence impossible, ne laissent plus rien à désirer pour la richesse et la solidité de leurs décors sous couvertes, et surtout pour leur parfaite ressemblance avec les véritables porcelaines de Chine, ainsi que l'a constaté un rapport de l'Académie de l'industrie, après un examen fait par une commission nommée par cette société.

Toutes les ventes et expéditions pour la France et l'Etranger se font à Paris seulement.

264.—ROSSELET, fournisseur breveté de S. A. R. monseigneur le prince de Joinville, rue du Faubourg-Saint-Honoré, 26, à Paris.

Mention honorable de l'exposition générale de 1844.

Inventeur des liquides Chrysopalingénésiques pour la révivification des dorures sur métaux mats ou brunis et argent mat, bijoux, épaulettes, habits brodés or et argent sur drap ou velours, cadres en bois dorés et en composition, ornements d'église, etc. Il n'entre aucun acide dans leur composition. On opère soi-même, à froid, et presque sans frais.

Chaque flacon est revêtu de la signature et du cachet de l'inventeur, qui se charge aussi des nettoyages.

Commission et exportation.

265. — H. DORVAL, serrurier-mécanicien, rue Feydeau, au coin de celle Neuve-Montmorency, 1.

Il est inventeur de la serrure à double pompe et là petite clef double ; serrure à gorge mobile avec clefs à panneton mobile se démontant à volonté et avec délateur indiquant l'introduction de la fausse clef ; serrure également avec délateur et à crochet et là double jeu mobiles et à clefs jumelles ; mécanisme à double combinaison et fermeture nouvelle, le tout s'adaptant sur caisses, porte, d'entrée et meubles. Cet exposant fabrique dans ses ateliers caisses, coffres-forts en fer de toutes dimensions, garantis contre l'ouverture au moyen de fausses clefs et contre l'incendie ; des serrures à gorge, à pompes, pour portes d'appartements et meubles, et des caisses doubles incombustibles.

Caisse à double combinaison offrant toute sécurité, du plus petit modèle et du prix de 180 francs jusqu'au plus grand, qui est de 800 francs.

TOUS CES OUVRAGES SONT GARANTIS PENDANT DIX ANS PAR FACTURE.

266.—TIRMACHE, fabricant de garde robes, breveté du roi, fournisseur des châteaux royaux, rue Saint-Honoré, 357, à Paris.

Expose des garde-robes fixes et portatives avec reservoir latéral à pompe, garanties inodores ; garde-robes de différents modèles, forme de fauteuils ; expose aussi des petites pompes portatives pour jardins, à jet continu, lançant l'eau à douze mètres.

267. — MORTERA, constructeur hydraulicien, rue Saint-Louis, 79, à Paris.

Nouvelle Pompe hydraulique à jet continu et à soupape pyramidale.

Cette pompe, que l'on peut établir sur toutes dimensions, se distingue de celles construites jusqu'ici, soit sous le rapport de la bonne disposition du piston, soit par l'application de nouvelles formes de soupapes dites soupapes pyramidales ; soit encore par les moyens d'éviter les engorgements, de faciliter le nettoyage et l'entretien de l'appareil.

La forme pyramidale donnée aux clapets paraît être une idée heureuse, en ce qu'elle supprime entièrement les chocs, les secousses, qui ont toujours lieu par l'emploi des clapets ou soupapes ordinaires, et qui sont d'autant plus sensibles que leurs dimensions sont plus grandes. Elle présente l'avantage de ne pas déranger la direction des jets d'eau aspirés ou refoulés, qui restent constamment dans l'axe des tuyaux ou des corps de pompe, au lieu de se bifurquer, comme dans les autres systèmes ; d'où il doit résulter moins de frottement et moins d'usure, et par conséquent moins d'entretien.

La disposition des poches fermées appliquées contre le corps de la pompe permet aussi d'aspirer, sans inconvénient, des eaux sales, ou chargées de boues ou de pierres, sans nuire au jeu des soupapes et du piston.

Ce système de pompe à piston plein et à soupapes pyramidales est applicable, avec les mêmes avantages, aux travaux d'irrigation et d'épuisement, aux bâtiments de la marine, comme à tous les usages domestiques. La construction en est simple, solide et durable ; elle ne craint ni la rivalité ni la supériorité d'aucun autre système.

268. — LESGUILLER - CRIQUET, fabricant breveté de biscuits et pains d'épices de Reims, à Paris, rue Mauconseil, 1, près la rue Saint-Denis.

Fournisseur breveté de LL. MM. la reine des Français et la reine des Belges, M. Lesguiller continue à se rendre digne de cette bienveillante faveur en fabricant des biscuits et des pains d'épices dont la qualité est telle, qu'ils obtiennent souvent la préférence même sur ceux qui se fabriquent à Reims. Aussi il a été obligé d'agrandir sa maison, et aujourd'hui il peut rapidement répondre à toutes les demandes qui lui sont adressées de France ou de l'étranger. Les articles spéciaux de sa fabrication journalière sont les biscuits, les pains d'épices surfins, les pavés, les croquets, les croquants, les nonettes à la reine et les massepains superfins.

269. — DEDÉ, fabricant de PAPIER GLACE *végétal* perfectionné pour calques et décalques, à Paris, cité Jussieu, au Gros-Caillou.

Ce papier à décalquer est supérieur au papier végétal ordinaire, parce que sa qualité éminemment hydrofuge le rend plus propre au lavis ou à la peinture. Il ne se grippe pas, et n'est susceptible d'aucun retrait par l'effet de la dessiccation, ni d'extension par celui de l'humidité, en sorte qu'il possède cette qualité si essentielle de conserver le dessin géométriquement conforme à l'original, et de le transmettre au décalque sans aucune variation ; avantages très grands pour MM. les ingénieurs et artistes. qui savent très bien ne pouvoir pas les trouver dans le papier végétal ordinaire, dont les inconvénients font commettre trop souvent de graves erreurs. Le papier de M. Dedé est donc destiné à leur être de la plus grande utilité.

270. — DUVOIR-LEBLANC (Léon) et Ce, 24, rue Notre-Dame-des-Champs, à Paris.

Cet industriel expose un modèle en petit du système perfectionné de chauffage à circulation d'eau qu'il a appliqué avec le plus grand succès au chauffage du Conseil d'état, dans le bâtiment du quai d'Orsay. au Palais du Luxembourg, à l'Observatoire royal, à la maison des aliénés de Charenton, à la poudrerie de Vonges, et à une foule d'autres établissements publics ou privés dont il serait trop long de présenter ici l'énumération, M. Léon Duvoir-Leblanc, qui le premier a réussi à établir économiquement un excellent système de chauffage combiné avec une ventilation large et abondante pour les plus vastes édifices et les capacités les plus étendues, et avait reçu à la grande exposition de 1844 la seule médaille d'or accordée aux arts économiques, vient encore de recevoir un nouveau témoignage de satisfaction de la part du ministre des travaux publics, qui lui a fait décerner la croix de la Légion d'Honneur pour ses beaux travaux d'utilité publique.

271. — VESSIÈRE, fabricant de vitraux peints, à Seignelay, département de l'Yonne.

Expose un vitrail représentant saint Jean-Baptiste d'après un ancien vitrail de l'église de Saint-Gervais, de Paris; plus un petit vitrail offrant le portrait de M. le baron THÉNARD, pair de France et président de la Société d'encouragement.

272. — LARRIVÉE, fabricant de boutons, à Paris, rue des Petits-Champs–Saint-Martin, 2.

Fabrique et expose des échantillons de BOUTONS EN MÉTAL *pour nouveautés* et livrées.

273. — DELCAMP, rue Neuve-des-Petits-Champs, 4, maison formant l'entrée de la galerie Vivienne.

Expose divers tableaux d'écriture écrite par lui à la main. Il est professeur de l'École militaire égyptienne, etc., directeur de l'École spéciale des expéditionnaires en écriture, la seule à Paris, où l'on apprend la *belle écriture courante* par l'application du Musicographe, quel que soit l'âge et l'irrégularité de l'écriture des élèves. Il montre aussi le calcul, la tenue des livres et l'orthographe.

274. — CHEMELAT, *coutelier*, à Paris, rue de la Vieille-Bouclerie, 5.

Les rasoirs évidés de M. Chemelat jouissent de la meilleure réputation; et, quoique d'un prix très modéré, ils soutiennent avec succès la concurrence contre les meilleurs rasoirs anglais.

Il fabrique et expose en outre des rasoirs à deux tranchants qu'il vient d'inventer tout nouvellement, et qui offrent le double avantage de n'avoir qu'un manche et qu'une lame tout en ayant deux tranchants.

275. — MONNIER (Antoine), chapelier, à Nemours, département de l'Oise.

Expose un nouveau chapeau ABROXIDE de son invention pour le service de la gendarmerie et autre bourgeois, tous deux inaltérables à la pluie et à la transpiration.

276. — FLÉCHEL, chapelier, à Paris, rue de Cléry, 2.

Expose divers produits sortis de ses ateliers et confectionnés dans le plus nouveau goût par ses soins.

277. — LANGLOIS, fabricant de fours économiques, breveté d'invention sans garantie du gouvernement, rue Basse-du-Rempart, 52.

Après de laborieux essais, couronnés d'un succès complet, un nouveau système de Four à cuire le pain vient d'être livré à l'appréciation du public. Les auteurs de cette découverte, qui se place d'elle-même au premier rang dans les questions d'économie, ne pouvaient trop se hâter de la faire connaître : aussi un modèle du Four LANGLOIS-BAUDIN a-t-il été admis déjà à l'exposition de 1844.

Depuis un temps immémorial la cuisson du pain était demeurée circonscrite dans les limites d'une routine aveugle. Sans entrer dans une explication plus étendue sur ce qu'il y a de fort étrange d'avoir vu jusqu'à cette époque l'état stationnaire de cette grave question, nous nous bornerons à faire connaître sommairement les avantages incontestables de l'invention, qui tous se réduisent à des faits, et non pas à des hypothèses. Ainsi :

1° Le Four ne coûte pas plus à construire que ceux en usage aujourd'hui ;

2° Il n'occupe que la moitié à peine de l'espace nécessaire à l'ancien système ;

3° Il peut cuire en une fois une quantité de pain double des autres : ceci résulte de sa distribution intérieure, qui constitue l'équivalent de deux fours fonctionnant en même temps. A cet avantage vient se joindre une grande économie de temps, puisque le pain sortant du four peut être immédiatement remplacé par une autre fournée, ainsi de suite, pendant un nombre de cuites indéfini ;

4° On le chauffe indistinctement par le coke, le bois et le charbon de terre ; toutefois le coke doit avoir la préférence ;

5° Il ne consomme en combustible que pour une dépense de moitié exactement de l'ancien système ;

6° On peut le placer partout où l'on veut et sans courir de risques d'incendie ;

7° On peut le déplacer sans renouveler la dépense de première construction ;

8° Au besoin il présente parfaitement bien, pour le chauffage des habitations, les avantages du calorifère ; car on peut faire ser-

\ ir à cet usage l'excédant du calorique sans augmentation de combustible.

A ces premières conditions viennent se joindre la possibilité d'employer ce nouveau système dans les plus grands établissements qui existent, tels que les manutentions militaires, les colléges, hospices et hôpitaux.

La disposition simple et portative du Four permet aussi qu'on le fasse suivre les corps d'armée, qu'on le place à bord des bâtiments de guerre et de commerce, où il pourrait servir aussi bien à la cuisson du pain qu'aux préparations culinaires. Sur les bâtiments à vapeur, comme près d'un établissement où il y aurait une machine, le combustible serait remplacé avantageusement par la vapeur.

279. — PAUQUET, inventeur d'un PORTE-MANTEAU, à Paris, rue Saint-Antoine, 71, et dépôt dans les bazars et bureaux d'omnibus.

Les habits prenant de mauvais plis et se brisant lorsqu'ils reposent quelque temps sur les portes-manteaux ordinaires, **M.** Pauquet a remédié à cet inconvénient en donnant à son porte-manteau, breveté sans garantie du gouvernement, la forme des épaules et du tronçon du cou de l'homme; d'où il résulte que l'habit, étant appliqué dessus, se trouve dans la même position que s'il était sur la personne même. Pour les hommes d'une force supérieure, il en a qui, par le même moyen d'une coulisse, ont la facilité de s'allonger à volonté. Ce sont des avantages que MM. les Tailleurs sauront suffisamment apprécier.

280. — BROUILLET, fabricant de JOUETS D'ENFANTS, à Paris, rue Saint-Denis, 116.

Fabrique et expose divers échantillons des poupées de toutes grandeurs et mécaniques, ainsi que plusieurs autres jouets nouveaux sortis de sa fabrique.

281. — MASSIQUOT, mécanicien, fabricant, breveté sans garantie du gouvernement, de COUPE-PAPIER, rue Saint-Julien-le-Pauvre, nᵒˢ 10 et 12, à Paris.

Ce coupe-papier mécanique est indispensable dans les maisons de papeterie, reliure, imprimerie en taille-douce, lithographie, typographie, fabrique de fleurs, de cartes, boîtes de bureau et autres de fantaisie, et à toutes les branches d'industrie qui ont des divisions de papiers, cartons, et même de toiles, à opérer; cette mécanique en améliore avec une grande économie les travaux.

282. — GAILLET-BARONNET, fabricant de fils de laine, à Sommepy, Marne.

M. Gaillet-Baronnet, fabricant à Sommepy, file la laine à la main avec une perfection et une finesse que les machines mécaniques ne peuvent atteindre. Ces fils de laine servent à la fabrication des voiles, des robes de barége et de tous les articles extrêmement légers et très recherchés. Nous donnons ici un tableau comparatif du poids d'une chaîne et du numéro auquel elle correspond.

Réduction de la chaîne à la main en échées métriques et échées anciennes.

La chaîne peut varier depuis 125 gram. jusqu'à 500 gram. et porte toujours la même longueur. La finesse de la laine et le talent de l'ouvrier en sont les seules causes.

Raisonnons sur une chaîne de 125 grammes.

Chaîne de 125 grammes dite de 4 onces. — La chaîne se compose de 40 portées de 36 fils chacune et d'une longueur de 14 m. 40. Pour trouver le nombre exact de mètres de fil qui existent dans la chaîne ou combien il y a d'échées métriques, il suffit de multiplier 40 portées par 36 fils et le produit par 14 m. 40.

La chaîne a donc 20,736 mètres de fil ou 20 échées 736 millièmes à 1,000 m., dévidage actuel.

Il est évident que, si une chaîne de 125 gram. porte 20,736 m., un kilog. de filature, ou 8 chaînes de 125 gram., donneront un total de 165,888 mètres ou 165 échées 888 millièmes.

Huit chaînes de 125 grammes ou un kilog. de laine filée à la main nous donnent 165,888 mètres de fil. En divisant ce nombre par 700 mètres, longueur ordinaire de l'ancienne échée de Reims, nous trouverons que la laine est filée au taux de 236 échées à 237

Il serait de toute impossibilité d'atteindre ce taux en chaîne filée à la mécanique.

283. — HOYOS, fabricant de FOURNEAUX, place du Palais-Royal, 241, à Paris.

Dxpose un modéle en petit de fourneau pour machines à vapeur dont le mérite a déjà été favorablement apprécié par les constructeurs de machines. Il fabrique en outre les fourneaux de cuisine et tout ce qui tient à ce genre de chauffage.

Nota. Les numéros des produits exposés qui ne se trouvent pas sur ce catalogue n'ont pu y être placés, parce que les exposants n'ont pas fait inscrire leurs noms en temps utile.

Quelques autres industriels, dont les produits n'ont pu être terminés, n'ont pas exposé, quoique figurant sur ce Catalogue.

TABLE PAR ORDRE DE NOMS.

TABLE PAR ORDRE D'INDUSTRIES.

www.ingramcontent.com/pod-product-compliance
Ingram Content Group UK Ltd.
Pitfield, Milton Keynes, MK11 3LW, UK
UKHW031847170726
13836UKWH00004B/1942

9 782329 538839